TOMMASO LICCHETTA

BUSINESS PLAN

Strategie Per Pianificare L'Idea e Realizzarla In Tempi Brevi

Titolo

"BUSINESS PLAN"

Autore

Tommaso Licchetta

Editore

Bruno Editore

Sito internet

www.brunoeditore.it

Sommario

Introduzione

Vi è mai capitato di sognare una vita indipendente, un'esistenza fondata sulle vostre più intime aspirazioni (e ispirazioni!) e sul vostro appassionato srotolare la vita dandole i vostri tempi e regolando i momenti della vostra giornata con la desiderata elasticità?

Be', capita spesso di pensarci come si penserebbe a un bel sogno, che si tiene nascosto in un cassetto, anno dopo anno, rinvio dopo rinvio, attendendo il momento giusto per essere realizzato. Per sempre. Allora, ho una bella notizia per il differitore abituale (di cui conosco le dinamiche interne: lo siamo tutti fino a quando non trasformiamo un semplice ideale in qualcosa di più concreto): non è *mai* il momento giusto!

Le stelle non si allineeranno mai e i semafori non saranno mai verdi tutti nello stesso istante! Starete già pensando: «Ma se non è *mai* il momento giusto, allora è *sempre* il momento giusto!» È proprio così! A questo proposito ho letto da qualche parte una briciola di grande saggezza, che vi consegno: per quanto possa essere paradossale, moltissimi sono i passi falsi che vengono compiuti stando fermi. Se avete delle passioni da seguire, delle idee da realizzare, delle cose da fare... agite! Accurate metodologie e strumenti di supporto potranno servire a consolidare e rendere efficace l'azione, ma immaginate di aver raggiunto quell'obiettivo, visualizzatene il contesto con la maggiore chiarezza possibile (immagini, suoni, colori, odori e sensazioni...).

In questo stadio non rivestono alcuna importanza le risorse o le competenze di cui si dispone, e ancora meno il processo da seguire per giungere alla meta. Sbizzarritevi in libertà. Poi, fate il primo passo: un'azione concreta che in qualche modo vi impegni a proseguire! Inizierete subito ad assaporare nuove emozioni e un crescente senso di appagamento. State facendo quello che, alla fine della vita, non vorreste rimproverarvi di non aver provato a fare.

Se davvero desiderate fare qualcosa per rendere la tua vita più intensa e creativa, potete farlo. E seguire con convinzione la strada della piena realizzazione. Certo, potreste dire: «Sarebbe bello attivare questo circuito virtuoso e vivere la vita che davvero voglio, un lavoro che mi piaccia sul serio e un'attività che mi appassioni. Ma ci sono tanti ostacoli, la burocrazia, le tasse, la concorrenza…».

Va bene, ci sono delle premesse da fare. Le faremo, perché, in effetti, partire bene è importante. Ed è fondamentale esercitare sempre un controllo ottimale sulla vostra attività, qualunque essa sia. In ogni caso, occorre un piano. E il piano servirà a descrivere la vostra creatura, migliorarla e ad accompagnarla da vicino. Eviteremo che, abbandonata a venti incerti, "si faccia male". *Pianificazione* e *programmazione*, quindi; e poi *verifica* e *attento controllo*.

Ma, innanzitutto, dovete prendere una decisione importante: siete pronti all'avventura, convinti che ce la farete? Se partite dalla condizione di lavoratore dipendente, dovrete ovviamente trasformare qualche parametro di valutazione, osservare cose cui prima non prestavate attenzione, pensare in termini di libertà e di realizzazione, non più di sicurezza a priori. Si tratta di aspetti comportamentali, caratteriali e di disposizione d'animo che senz'altro vanno soppesati con attenzione, ma la convinzione deriva anche dall'opportunità data dalla conoscenza di fondamentali aspetti tecnico-procedurali che fungano da guida sicura nell'azione imprenditoriale.

Esistono, è vero, qualità e competenze specifiche che consentono di gestire con la necessaria padronanza un'attività imprenditoriale. Ma sono tutte, per fortuna, acquisibili, modellabili e affinabili senza soluzione di continuità. Innanzitutto, però, dovete **decidere**. E il fatto di essere intenti alla lettura di questo ebook fa già intuire che avete deciso, che potete farcela e che saprete apprezzare e assimilare gli utili suggerimenti che il manuale vi somministrerà in un progressivo affinamento di capacità, di sensibilità e di tecniche di programmazione.

Affronteremo insieme le scelte decisive, per quanto l'auspicato successo entri in relazione diretta con la *disciplinata applicazione* delle metodologie illustrate. Ma, innanzitutto, mettetevi in gioco! Con la convinzione di riuscire! Passo dopo passo, problema dopo problema, vivendo le sfide e realizzandovi mentre le vivete con la barra sicura rappresentata da metodiche efficaci:

- per gestire il passaggio da una pura idea al "concetto di idea" e alla sua realizzazione pratica;

- per comprendere come poter pianificare un'attività in un quotidiano e costante controllo, e quali siano gli aspetti da curare con particolare attenzione;

- per impadronirsi della tecnica di formulazione di un efficace Business Plan;

- per acquisire l'abilità di trattare con un eventuale finanziatore (pubblico o privato) attraverso un Business Plan "orientato";

- per poter monitorare il corso dell'azione imprenditoriale e tenere sempre il "timone a dritta" (o, quando occorra, raddrizzare la rotta).

A tale proposito, è bene ricordare che moltissime iniziative vengono normalmente abbandonate proprio per errori di pianificazione. Seguite, allora, i pratici strumenti di orientamento forniti da questo manuale, ed eviterete ogni possibile errore in fase di ideazione, progettazione e di espansione di una qualunque attività.

Se iniziate ora, molto probabilmente vi state accingendo a costituire una piccola impresa. Sappiate che, in Italia, piccole e medie aziende rappresentano oltre il 90% del panorama imprenditoriale e che hanno un ruolo strategico nella politica economica del Paese. Sono quelle che contribuiscono di più a indurre creatività e innovazione nell'ambito del prodotto nazionale. La loro dinamicità consente un agile adattamento al ritmo frenetico dell'economia moderna, che chiede un continuo rimettersi in discussione per raccogliere e affrontare sfide sempre nuove.

Ma qual è il maggior ostacolo che una piccola impresa può incontrare nella propria vita? Sicuramente la scarsità di mezzi propri, sempre indispensabili per dare corpo a un'idea. Lo sguardo verso possibili fonti di finanziamento esterno (pubbliche e private) è, quindi, nella natura propria delle PMI. In quest'ottica, è indispensabile presentarsi a un eventuale finanziatore con un progetto aziendale fattibile e redditizio, in grado di suscitare interesse e di superare la più critica analisi.

Ad aiutare l'imprenditore nel suo sforzo di presentare un'immagine solida della sua azienda e del suo progetto, c'è uno strumento: il Business Plan, che rappresenta lo specchio di ciò che è l'impresa, di quello che vuole essere e di quanto sia concretamente remunerativo il credito eventualmente richiesto.

Non solo. Esso supporta qualunque interlocutore (con cui l'imprenditore voglia o debba rapportarsi) nel comprendere chiaramente gli obiettivi aziendali e quali concreti risultati si vogliano e si possano conseguire con una certa iniziativa d'impresa o un'ipotetica rimodulazione dei suoi piani.

Anche l'Unione Europea (come ormai avviene per tutte le leggi agevolative in Italia) ha da tempo fissato, quale obiettivo primario, quello di diffondere l'uso del Business Plan come metodologia di analisi e di previsione, incoronandolo come strumento principe di una selettiva valutazione. Ottimizzare un Business Plan (perché si presenti chiaro, dettagliato ed esaustivo) appare quindi la strada maestra per il pieno successo di ogni iniziativa, che si parli di start up o di pura espansione aziendale.

Nel concreto, il progetto aziendale viene strategicamente misurato in un orizzonte temporale che va da tre a cinque anni, e l'analisi verte sugli aspetti più disparati (organizzativi, commerciali, produttivi, legali, economici, finanziari, patrimoniali). Peraltro, il documento è anche di grande aiuto nel limitare il rischio imprenditoriale nell'ipotesi dell'avviamento di una nuova iniziativa; infatti, pone lo stesso imprenditore-redattore di fronte a tanti preziosi interrogativi, permettendogli di accantonare ogni dispersione e di dare una nitida e coerente cornice al progetto d'impresa.

Sostanzialmente, ponendosi di fronte a un progetto d'impresa, si dovrà definire innanzitutto *chi* vuole fare *cosa*, passando poi a considerare cosa si intenda offrire e a quale tipo di clientela, fissando le metodologie di produzione, di organizzazione interna, di comunicazione e persuasione, di distribuzione e di vendita. Sarà, poi, importante stabilire i costi del progetto e il momento in cui si prevede di raggiungere il break even (attraverso quali percorsi, contando su quali punti di forza e superando quali punti di debolezza). Il fulcro di un Business Plan si fonda proprio sulla messa a fuoco di queste fondamentali questioni.

Questi pochi spunti possono già essere sufficienti a dare l'idea di quanto sia benefico apprendere e utilizzare un buon Business Plan. Difficile? Non facilissimo, ma più facile di quanto si possa pensare. Insieme ne studieremo la struttura e ne comprenderemo l'utilizzazione. Passo dopo passo, andremo avanti con la massima semplicità nell'esposizione e una piacevole applicazione giornaliera. Sette tranquille giornate. Sette proficue giornate. E la preparazione del vostro futuro da saggi imprenditori.

Nota: *è appena il caso di precisare*

- *che i consigli pratici circa la preparazione del Business Plan e le tecniche di controllo finanziario presenti in questo manuale (schemi, tabelle e semplici formule) vanno applicati con giudizio e criterio, se si vogliono raggiungere i risultati desiderati;*

- *che ogni isolato sforzo – senza un certo grado di costante volontà e determinata concentrazione – risulterà vano. Impegnatevi, quindi, nell'ordinata applicazione dei suggerimenti offerti dal testo: otterrete la soddisfazione di apprendere come costruire e presentare un Business Plan veramente interessante e pratico;*

- *che gli schemi e i fogli in Excel rappresentati nell'ebook sono liberamente scaricabili sul sito www.primeggiamo.it.*

GIORNO 1:

Come un'idea progredisce in prodotto

«Certi uomini vedono le cose come sono e dicono:"Perché?" Io sogno cose mai esistite e dico: "Perché no?"».

(George Bernard Shaw)

«La mente dell'uomo tesa verso una nuova idea non torna mai alle sue dimensioni originali».

(Oliver Wendell Holmes)

Un concetto prioritario che vogliamo subito acquisire è che qualunque attività di scambio fra gli uomini è generata da necessità e bisogni contrapposti da soddisfare. Dalla primitiva forma di compensazione (il baratto), l'uomo è poi passato a regolare le transazioni con l'ausilio di mezzi di pagamento, ma il concetto fondamentale resta inalterato: in una calda giornata estiva, Antonio passa a Giuseppe 2 € ottenendo in cambio un gelato; di conseguenza, Giuseppe potrà utilizzare i suoi 2 € per ottenere distinte utilità in tempi successivi.

Sia pur semplicistico, l'esempio vuole introdurre al tema fondante di ogni attività di business: quello che acquista Antonio non è il gelato in sé, quanto l'utilità che il gelato (strumento) gli dà in termini di refrigerazione e di gusto (obiettivo che genera senso di soddisfazione e appagamento). Ecco perché è così importante stimare il grado di attrattività del prodotto o del servizio per i potenziali acquirenti/utilizzatori.

Fra le tante dinamiche odierne, però, possiamo osservarne una che ha estrema rilevanza: la forte accelerazione nel ciclo di vita del prodotto (attenzione: da qui in poi, per praticità, si userà quasi sempre il termine *prodotto*, anche quando il concetto incorpori alternativamente il significato di *servizio/consulenza*).

Un esempio per tutti: un tempo, la Sony poteva giovarsi di un vantaggio di prodotto per la durata di tre anni rispetto ai suoi concorrenti. Oggi, il suo vantaggio è limitato a sei mesi: il tempo in cui Matsushita riesce a copiargliene le caratteristiche e ad annullare il differenziale competitivo. È quindi, chiaro quanto sia importante sviluppare, all'interno di un qualunque ambito aziendale, l'abitudine strutturata alla creatività.

Alcune tecniche sono in grado di aiutarci a sviluppare nuove idee:

- *analisi delle situazioni d'uso*, che consiste nell'elencare la normale utilizzazione di un oggetto o il modo ordinario di strutturare un evento e, poi, invertire le caratteristiche individuate;

- *relazioni forzate*, ossia elencare più idee (o oggetti) e considerare le loro possibili combinazioni, monitorandone i risultati applicativi;

- *elenco degli attributi*, che consiste nell'analizzare un prodotto, descriverne le parti costitutive e poi modificarle (forma, colore, funzionalità);

- *analisi morfologica*, quando si parte dal problema, poi si pensa agli elementi costitutivi del prodotto risolutivo, descrivendo le caratteristiche e le funzionalità che dovrà avere;

- *associazione di idee*, ossia partire da un pensiero, scriverlo e poi seguire il flusso dei pensieri successivi senza badare al razionale collegamento reciproco.

In un contesto aziendale attivo è peraltro possibile avvicinarsi alle esigenze del gruppo di clientela selezionato con l'aiuto di approcci mixati, quali:

- l'organizzazione incentivata di visite guidate agli impianti, collegate con sessioni di brainstorming con i clienti;
- la partecipazione a fiere commerciali di settore come strumento di attivazione di nuove idee generate da un'analisi creativa delle novità;
- l'istituzione di un vero e proprio laboratorio di idee, aperto a tutti i dipendenti e impostato al fine di consentire la consultazione delle idee e ogni possibile commento o integrazione;
- l'uso di un procedimento iterativo con un gruppo di clienti che analizzano i prodotti e identificano carenze e problemi, mentre i tecnici (nella duplice veste di osservatori e realizzatori) si impegnano nella contemporanea elaborazione delle relative soluzioni.

SEGRETO n. 1: la forte accelerazione nel ciclo di vita del prodotto impone lo sviluppo di un ambiente creativo in ogni tipologia di attività.

È sempre possibile che la prima selezione delle idee incorra in un errore di eliminazione (quando viene scartata una buona idea), ma anche di avanzamento (quando si consente a un'idea scadente di procedere, cosa che corrisponde alla scelta più gravida di conseguenze negative).

Per evitarlo, ci si potrà avvalere di un sistema di efficaci criteri di valutazione, chiedendosi sempre:

- il prodotto va incontro a un bisogno ben individuato?
- siamo dotati del know-how e dei capitali necessari alla sua realizzazione?
- il suo valore è tale da provocare il volume di vendite necessarie?
- ben pubblicizzato, quali profitti genererà e con quali tassi di crescita?

Vediamo insieme quale potrebbe essere un pratico schema di valutazione del prodotto:

SCHEMA VALUTAZIONE IDEE PER NUOVI PRODOTTI			
REQUISITI PER IL SUCCESSO	PESO RELATIVO	PUNTEGGIO PRODOTTO	VALUTAZIONE PRODOTTO
Prodotto unico o superiore	0,40	0,80	0,32
Alto rapporto prestazione/costi	0,25	0,60	0,15
Elevato supporto del marketing	0,25	0,70	0,18
Assenza o carenza di forte concorrenza	0,10	0,50	0,05
			0,70

Scala di valutazione		
Scarso	0,00	0,30
Medio	0,31	0,60
Buono	0,61	0,80
Livello di accettazione	0,61	

dove il *peso relativo* del requisito rappresenta il grado di importanza ai fini della valutazione globale.

Naturalmente, le probabilità di successo di ognuno dei prodotti in fase di studio andranno monitorate costantemente e comparativamente (*probabilità di successo complessivo = probabilità di completamento* x *probabilità di commercializzazione* x *probabilità di successo economico*). In altri termini: si calcolerà la probabilità di successo complessivo per ogni ipotesi di prodotto e si avvieranno alle fasi successive di analisi le soluzioni al di sopra di una certa soglia.

SEGRETO n. 2: le probabilità di successo dei prodotti in fase di studio possono essere monitorate con una semplice formula e, già in prima battuta comparate.

Dall'*idea* di prodotto si dovrà poi passare al *concetto* di prodotto: quale prodotto incorpora l'idea? Il concetto di prodotto nascerà, quindi, nella costante attenzione verso i potenziali utilizzatori e i vantaggi forniti. Contemporaneamente, il prodotto concettuale verrà idealmente "posizionato": quali sono i concorrenti con cui ci dovremo confrontare e quale il prodotto più affine sul mercato?

In questa fase sarà importante inquadrare il prodotto secondo i requisiti di:

- credibilità e chiarezza: sono credibili i benefici del prodotto?
- grado di bisogno: quanto risolve il bisogno individuato?
- livello di gap: quanto lo risolve meglio dei prodotti alternativi?
- percezione di valore: il prezzo incontrerà il riconoscimento del potenziale cliente?

- contesto d'acquisto: chi lo utilizzerà? Quando e con quale frequenza?

Queste sono le domande base che ci consentiranno di operare una scelta responsabile nella direzione dello sviluppo o meno di un prodotto (o di un servizio).

Al termine dei test sperimentali, deciso il "varo", le residue incertezze potranno essere vinte con il ricorso all'analisi congiunta, in grado di farci superare ogni residua incertezza: una delle opzioni più diffuse è quella di sottoporre il prototipo di prodotto a un gruppo di potenziali clienti. La loro scelta prevalente fra una definita gamma di combinazioni come *aspetto esterno/tipo di confezionamento/livello di prezzo/tipo di garanzia* (non più di tre opzioni per caratteristica) ci fornirà indicazioni fondamentali circa la definizione più idonea del prodotto da lanciare sul mercato.

SEGRETO n. 3: il prodotto concettuale dovrà essere idealmente "posizionato" per poter accedere alla valutazione congiunta e parallela di più progetti, scremare le varie opzioni

e decidere su quale ipotesi di prodotto ci si dovrà concentrare.

La fase immediatamente successiva sarà lo sviluppo di un piano preliminare di strategia di marketing, che consentirà di definire una serie di importanti dati (qualitativi e quantitativi):

- le dimensioni del mercato;

- la sua struttura;

- il comportamento del mercato obiettivo;

- la pianificazione del posizionamento sul mercato obiettivo;

- la quota di mercato prefissata;

- gli obiettivi di vendita e di profitto;

- la determinazione del prezzo del prodotto;

- la politica distributiva e di marketing.

SEGRETO n. 4: la fase conclusiva prevede lo sviluppo di un piano preliminare di strategia di marketing, che consentirà di definire come si potrà raggiungere il successo commerciale.

Entriamo, quindi, in un ambito di programmazione che inevitabilmente investirà la totalità degli assetti organizzativi e gestionali della nostra azienda. L'introduzione di un nuovo prodotto nel "catalogo" provoca certamente effetti più o meno apprezzabili a tutto campo: in termini immediatamente finanziari come in termini di apprezzamento della "marca"; in termini di organizzazione interna come di offerta globale.

Ultimato il "preliminare di marketing", sarà quindi, necessario effettuare un'adeguata analisi economico-previsionale per poter valutare oggettivamente se le previsioni delle vendite, dei costi e dei profitti corrispondano agli obiettivi aziendali. In presenza di dati confortanti, si passerà allo sviluppo del prodotto in un "prototipo funzionante", frutto della trasformazione degli attributi richiesti dal potenziale cliente in algoritmi di progettazione e in prototipo, da sottoporre a test funzionali interni, ma anche a test di mercato:

- acquisto simulato (dietro compenso, un campione di potenziali clienti viene invitato a visionare messaggi promozionali di diversi prodotti e poi invitato ad acquistare il prodotto prescelto);
- marketing controllato;
- mercati di prova (una serie di rivenditori viene invitata a esporre i prodotti in vendita: se ne analizzeranno i risultati).

Se tutto sarà andato bene, sarà giunto il momento della promozione su scala più generale dell'attivazione della "funzione produzione" e dell'effettiva commercializzazione. A questo punto, si dovrà finalmente decidere:

- con quali strumenti, con quale frequenza e con quale intensità promuovere;
- come, dove e quanto produrre;
- attraverso quali canali e con quali forme distribuire e vendere;
- come assistere nel post-vendita.

SEGRETO n. 5: alla fase di simulazione di marketing seguirà un'adeguata analisi economico-previsionale, che (se positiva) porterà allo sviluppo del "prototipo funzionante", da sottoporre a test interni ed esterni.

L'andamento sequenziale nella scelta di un particolare e innovativo tipo di servizio non è poi tanto dissimile da quello seguito nella generazione creativa di un nuovo prodotto. Infatti, anche in questo caso, si tratta essenzialmente di interpretare i bisogni e le necessità del potenziale cliente. Ma c'è un concetto importante da introdurre subito: i desideri del potenziale cliente non sono sempre così chiari. Ad esempio, il Walkman fu lanciato dalla Sony addirittura contro il parere degli "esperti", incontrando però sorprendentemente un immediato e notevole successo. Conclusione: se definiamo i clienti come potenziali, possiamo spingerci a definire anche i loro desideri espliciti come potenziali, riservandoci di identificare e definire quelli impliciti, celati, attraverso le più svariate tecniche di monitoraggio e ricerca.

SEGRETO n. 6: a volte, i desideri del cliente potenziale non sono chiari ma restano celati. Una buona strategia di marketing riesce a svelarli, anticipando e sorprendendo i concorrenti.

Ma, in generale, come si diffonde un'innovazione? Come il cliente arriva ad adottare il prodotto? Attraverso gli stadi

- della consapevolezza (sa che c'è un prodotto, ma manca di informazioni);
- dell'interesse (subentra lo stimolo ad acquisire informazioni);
- della valutazione (prende in considerazione la possibilità di

provare il nuovo prodotto);

- della prova (inizia con un acquisto "di assaggio");
- dell'adozione (finalmente, decide per il suo uso regolare).

Sono aspetti che vengono attentamente studiati nella predisposizione e gestione di campagne pubblicitarie capaci di indurre la preferenza del cliente potenziale (analizzate negli specifici processi più avanti). Ma, qualunque sia lo stadio di vita del prodotto o della generale offerta di prodotti, l'imprenditore oculato deve munirsi di strumenti di orientamento e di indirizzo tali da garantirgli di fissare obiettivi raggiungibili, di munirsi del necessario senza scompensi, di controllarne l'attuazione.

SEGRETO n. 7: la strategia di marketing si basa sullo studio di un processo in cinque fasi, che porta il cliente a indirizzarsi a un prodotto, ancorché innovativo.

È questo il motivo che conduce alla doverosa predisposizione di un piano d'azione dettagliato, quello che comunemente viene definito "Business Plan". È evidente che il Business Plan può anche riguardare un singolo prodotto di cui si prevede il lancio.

Ma, normalmente, anche le proiezioni riguardanti un nuovo prodotto andranno organicamente inserite all'interno della programmazione più generale, dando così un senso all'unitarietà della mission aziendale.

SEGRETO n. 8: il Business Plan è uno strumento che può anche essere predisposto per il lancio e la costruzione del successo di un singolo prodotto, ma abitualmente si riferirà all'intera programmazione generale, vero faro della mission aziendale.

Sembra, però, improbabile innescare un discorso sull'utilità e sulle modalità di costruzione di un buon Business Plan senza annotare quanto si siano ampliate le variabili cui occorre oggi prestare attenzione nell'imbastirne l'assetto e i contenuti. In buona sostanza, ecco gli sviluppi (che promettono di farsi prassi e norma), cui stiamo assistendo in Occidente e, in generale, nel mondo economicamente sviluppato:

- **attenzione alla salute ed alla sicurezza personale**, che si traduce in una preferenza per i prodotti dietetici e naturali, in un ricorso sempre più massiccio ad assicurazioni sanitarie, ai centri benessere e alle palestre (in connessione, anche nell'espansione dell'industria di abbigliamento sportivo), nonché nei nuovi spazi aperti all'industria della protezione e della sicurezza;

- **declino del senso dell'etica del lavoro**, che si traduce in un'espansione dell'industria del tempo libero e del fai-da-te;

- **interesse verso i temi dell'ecologia e dell'ambiente**, che condiziona i piani di espansione per industrie disattente al problema dei fumi e degli scarichi inquinanti o quelle che utilizzino prodotti non biodegradabili in imballaggi e confezioni, ma favorisce l'affermazione di imprese impegnate nel risparmio energetico (trasporto, riscaldamento, energia…);

- **declino del concetto tradizionale di famiglia, invecchiamento della popolazione e diminuzione delle nascite**, che si proietta nella maggiore attenzione per i single (compresa la riduzione degli standard abitativi) e in influssi di segno diverso sulle industrie dei servizi, alimentare, edilizia, dei trasporti, delle assicurazioni, dell'abbigliamento, della scuola ecc.;

- dulcis in fundo: **internet** e le sue applicazioni sempre più numerose e incisive, che hanno già grandemente influito sull'impresa e sulle sue potenzialità informativo-comunicative, nonché sul rapporto multilaterale con clienti, fornitori, agenti di vendita ecc.

SEGRETO n. 9: il quadro ambientale e le prospettive commerciali incidono sulla complessità di preparazione del Business Plan. Occorre pertanto tenerne presenti gli sviluppi.

Su quest'ultimo punto ci soffermeremo in un'analisi un po' più approfondita, motivata dall'esigenza di considerarne le potenzialità nell'ambito della stessa programmazione aziendale. Sostanzialmente, il contributo della new economy incrementa le possibilità di confronto e di acquisto razionale, consentendo l'acquisizione di informazioni su qualsiasi argomento. Oltretutto, il web rappresenta un nuovo e potente canale di informazione, comunicazione persuasiva e vendita, con una diffusione geografica praticamente totale.

Per le imprese, l'effetto è quello di migliorare gli acquisti, le assunzioni, l'addestramento, la logistica, l'acquisizione di informazioni (mercati, clienti, concorrenti, materiali e tecniche nuove…), la comunicazione bidirezionale con i clienti e la personalizzazione delle offerte. Se ieri il business era fondato sulla produzione, i messaggi pubblicitari e il consumo di massa, la tendenza attuale è invece indirizzata verso livelli di produzione più contenuti, comunicazioni mirate e attenta determinazione dei prezzi e delle scorte.

Dal *consumer* della old economy (fondata sulla produzione, sui prodotti e sui processi di business) si è, in pochissimo tempo, progrediti verso il concetto di *prosumer* della new economy (fondata sul business delle informazioni): il consumatore oggi è in grado di progettare i propri articoli direttamente attraverso internet (sono ormai svariatissime le aziende che lo consentono), entrando così a far parte del processo di ideazione e produzione.

SEGRETO n. 10: dalla condizione passiva di consumer stiamo rapidamente passando a una posizione attiva di prosumer.

È merito del web se la tendenza dell'offerta di beni e servizi (già avvertibile oggi) è quella di:

- organizzarsi per segmenti di clientela, anziché per unità di prodotto;

- puntare allo sviluppo di relazioni a lungo termine con il cliente, anziché al concentrarsi sulla redditività di breve termine;

- monitorare gli indici di marketing, anziché il freddo esame dei soli risultati finanziari;

- considerare "azionisti" anche gli altri stakeholder (dipendenti, finanziatori, banche, fornitori, distributori, comunità...);

- svolgere le funzioni di marketing in tutti i settori dell'azienda, anziché in un solo dipartimento;

- costruire la marca nell'ambito dell'attività aziendale nel suo complesso, anziché tramite la sola pubblicità;

- puntare, in via prioritaria, alla fidelizzazione dei clienti anziché al loro puro incremento;

- misurare costantemente gli indici di soddisfazione del cliente e la sua fedeltà;

- dare di più di quanto promesso.

Moltissime imprese si sono oggi dotate di un parallelo canale informativo-comunicativo sul web, aprendo siti e svolgendo via internet anche le attività classiche dell'ordinazione e della vendita, ma conservando la distribuzione ordinaria sul territorio (chi ha provato a spostare la sua intera operatività su internet ha riscontrato qualche problematica in più, superata solo con un accresciuto ricorso alla qualità dell'offerta e alla fidelizzazione del cliente).

Proviamo allora a fornire qualche suggerimento per chi intenda entrare nel commercio elettronico da protagonista:

- cercare di offrire al cliente un'esperienza totale, semplificando i processi dedicati alla sua interazione con il sistema;
- fare in modo che il cliente possa procedere agevolmente da solo, munendo il sito di un facile sistema di istruzioni;
- semplificare il processo di scelta per livelli, in maniera da rendere il cliente soddisfatto della scelta finale («Era proprio quello che volevo!»);
- favorire la nascita e lo svilupparsi di comunità e gruppi interagenti.

SEGRETO n. 11: entrare nel commercio elettronico da protagonista significa soprattutto saper offrire al cliente un'esperienza totale.

Ma quali sono i requisiti di un buon sito web? Da una recente ricerca è emerso che, per risultare gradevole e favorire utilizzazione e frequentazione, un sito web deve:

- presentare un contesto grafico e una struttura piacevole;

- contenere testi, immagini, suoni, video interessanti;

- prevedere lo sviluppo di una community;

- adattarsi a ciascun utente, offrendogli di personalizzare informazioni, contenuti e servizi;

- offrire link di qualità;

- rendere possibile transazioni commerciali sicure.

Più in generale, il sito web (con il contributo delle tecniche di pubblicità sul web) dovrà consentire di:

- trasformare la navigazione in un'esperienza piacevole;

- indurre gli utenti a visitare periodicamente il sito;

- convertire i visitatori occasionali in utenti fedeli;

- rafforzare sempre più la relazione con ogni singolo cliente;

- raccogliere e utilizzare i dati raccolti sugli utenti per attività di e-marketing.

È chiaro che un'esposizione sintetica delle prospettive offerte dal web è insufficiente a dare veri input innovativi, ma (sia pure nell'ambito della prefigurazione degli scenari futuri che ci attendono) era doveroso dare qui notizia di uno strumento che, oltre a rivestire il ruolo di *idea* di business in sé, si inserisce da protagonista nella funzione di ricerca e di attivazione di nuove idee.

RIEPILOGO DEL GIORNO 1:

- SEGRETO n. 1: la forte accelerazione nel ciclo di vita del prodotto impone lo sviluppo di un ambiente creativo in ogni tipologia di attività.

- SEGRETO n. 2: le probabilità di successo dei prodotti in fase di studio possono essere monitorate con una semplice formula e, già in prima battuta comparate.

- SEGRETO n. 3: il prodotto concettuale dovrà essere idealmente "posizionato" per poter accedere alla valutazione congiunta e parallela di più progetti, scremare le varie opzioni e decidere su quale ipotesi di prodotto ci si dovrà concentrare.

- SEGRETO n. 4: la fase conclusiva prevede lo sviluppo di un piano preliminare di strategia di marketing, che consentirà di definire come si potrà raggiungere il successo commerciale.

- SEGRETO n. 5: alla fase di simulazione di marketing seguirà un'adeguata analisi economico-previsionale, che (se positiva) porterà allo sviluppo del "prototipo funzionante", da sottoporre a test interni ed esterni.

- SEGRETO n. 6: a volte, i desideri del cliente potenziale non sono chiari ma restano celati. Una buona strategia di marketing riesce a svelarli, anticipando e sorprendendo i concorrenti.

- SEGRETO n. 7: la strategia di marketing si basa sullo studio di un processo in cinque fasi, che porta il cliente a indirizzarsi a un prodotto, ancorché innovativo.

- SEGRETO n. 8: il Business Plan è uno strumento che può anche essere predisposto per il lancio e la costruzione del successo di un singolo prodotto, ma abitualmente si riferirà all'intera programmazione generale, vero faro della mission aziendale.

- SEGRETO n. 9: il quadro ambientale e le prospettive commerciali incidono sulla complessità di preparazione del Business Plan. Occorre pertanto tenerne presenti gli sviluppi.

- SEGRETO n. 10: dalla condizione passiva di consumer stiamo rapidamente passando a una posizione attiva di prosumer.

- SEGRETO n. 11: entrare nel commercio elettronico da protagonista significa soprattutto saper offrire al cliente un'esperienza totale.

GIORNO 2:

Come approcciare verso un efficace Business Plan

Abbiamo parlato del processo che ci permette di passare da un'idea a un prodotto, non trascurando di dare un accenno alle macrotendenze e agli sviluppi futuri, di cui sarà bene tenere conto nella progettazione di un'attività imprenditoriale.

Ma oggetto di una qualunque organizzazione di tipo "profit" è, e resta, la redditività legata alla commercializzazione di un prodotto o di un servizio. Si dovrà trattare, allora, di qualcosa di cui si senta il bisogno e che trovi il presumibile favore di una "fetta" della potenziale clientela (quella che lo sceglierà fra le diverse alternative possibili).

Ma i clienti sono persone (con il loro stile di vita, il loro livello di redditività, le loro abitudini, i loro hobby e le loro personalità). E allora le nuove idee di prodotto contano, certo, ma contano anche le tecniche di avvicinamento al cliente e la presentazione efficace del prodotto. Tutto parte da qui!

SEGRETO n. 12: l'idea più innovativa e brillante non avrà alcun mercato se non serve a risolvere un bisogno o una necessità del potenziale cliente.

D'altro canto, una pianificazione accurata dell'attività non può che favorire il processo di accostamento al cliente in un'ottica orientata al marketing (e, quindi, in senso stretto, alla comprensione dei suoi bisogni più specifici e alla loro risoluzione).

Si è già accennato al Business Plan. Ma cos'è davvero un *piano d'affari* (traduzione letterale, per quanto molto riduttiva, di *business plan*)? Oltre a incorporare un utile strumento di orientamento dell'attività aziendale, il Business Plan consente di presentare all'esterno l'azienda (con i suoi progetti per il futuro) in maniera organizzata. Una sua attenta preparazione facilita così la possibilità di ottenere finanziamenti pubblici e privati (ne faremo un'adeguata analisi nel corso del Giorno 6).

Non trascuriamo, però, quanto il documento contribuisca a rendere l'imprenditore consapevole degli aspetti connotativi della sua attività, consentendogli di monitorarne costantemente la funzionalità e l'allineamento con gli obiettivi fissati. D'altronde, il Business Plan rappresenta soprattutto una guida per l'attività, pur non essendo affatto intoccabile. Molteplici ragioni interne o cambiamenti nell'ambiente sociale, politico, economico possono rendere necessari un opportuno adattamento nel tempo o, addirittura, una completa revisione.

Un condottiero dei tempi andati diceva: «Prima di una battaglia, il piano non è importante, ma la pianificazione sì». Il significato di questa frase è fin troppo chiaro: l'abitudine a confrontarsi con oggettivi parametri di valutazione rappresenta essa stessa un ingrediente del successo imprenditoriale, segnando l'obbedienza a criteri e parametri adeguatamente selezionati e una precisa direzionalità nell'azione imprenditoriale.

In altri termini: se diamo per scontato che l'assenza di un'adeguata pianificazione è un rischio assoluto per l'impresa, la sua presenza (ormai prassi) rassicura invece gli *stakeholder* (partner d'affari, clienti, fornitori, finanziatori…), garantendo una migliore "reputazione commerciale" e contribuendo al suo armonico sviluppo.

SEGRETO n. 13: un buon Business Plan rappresenta una guida per l'attività (sia pure rimodulabile nel tempo), favorisce il finanziamento dell'attività e influisce positivamente nel rapporto con tutti gli stakeholder.

Peraltro, è ormai pienamente accettato il concetto che pianificare il proprio futuro e formulare la propria idea di progetto in termini scientifici abbia benefici effetti anche sulle sorti del piccolo, minimale imprenditore o artigiano. Ma in che cosa consiste, allora, un Business Plan?

Presenta l'azienda e ne descrive le competenze, gli obiettivi e le strategie; passa, poi, a qualificare e quantificare le opportunità e i rischi potenziali per arrivare a prospettarne il prevedibile andamento economico e finanziario nei successivi tre anni (ormai, raramente ci si spinge ad analizzare contesti diluiti nei cinque anni successivi).

SEGRETO n. 14: il Business Plan presenta e descrive l'azienda con la sua mission e i suoi obiettivi specifici, analizza opportunità e rischi e prospetta un'ipotesi realistica di andamento economico e finanziario.

Oltretutto, attraverso un uso sistematico dei piani finanziari di tipo previsionale in parallelo con le rilevazioni via via registrate, esso permette di rilevare tempestivamente gli andamenti critici non allineati con le previsioni. Il confronto dei dati stimati con i dati reali può dare davvero un segnale anticipato di eventuali problemi, permettendo l'adozione di misure in grado di frenare la cronicizzazione e riportare l'azione imprenditoriale sulla strada maestra.

SEGRETO n. 15: l'uso parallelo di piani previsionali e rilevazioni reali consente la rilevazione di andamenti critici.

Ma cosa deve essenzialmente contenere un Business Plan? E in quale sequenza? Le diverse finalità che ne hanno suggerito la redazione rendono estremamente variabile la sua lunghezza (fino a trentacinque-quaranta pagine) e il suo grado di dettaglio.

Peraltro, possiamo individuare alcuni elementi caratteristici fondamentali:

Frontespizio;

Premessa introduttiva;

1. *Compendio riassuntivo;*

2. *Indice generale;*

3. *Mission aziendale e assetto organizzativo;*

4. *Analisi strategica e obiettivi di marketing;*

5. *Strategia di marketing;*

6. *Pianificazione finanziaria e controllo;*

Appendice, ove posizioneremo tutto ciò che, inserito nel corpo del Business Plan, ne potrebbe appesantire la lettura o potrebbe interrompere importanti percorsi logici (schemi, tabelle, grafici, disegni, foto, cataloghi, filmati, depliant informativi e brochure).

SEGRETO n. 16: il Business Plan deve contenere alcuni indispensabili elementi accessori e cinque sezioni principali irrinunciabili: compendio, mission aziendale e assetto organizzativo, analisi strategica e obiettivi di marketing, strategia di marketing, pianificazione finanziaria e controllo.

Frontespizio

L'importante è il contenuto, è vero, ma la forma, la struttura e la chiarezza espositiva hanno un proprio specifico rilievo. Per quanto riguarda la copertina, è consiglio non del tutto marginale quello di applicarle una colorazione sobria e uniforme, particolarità che si riflettono direttamente sulla disposizione d'animo del lettore.

Naturalmente, anche il suo contenuto si dovrà presentare ordinato ed essenziale: denominazione dell'azienda ed eventuale logo societario in posizione centrale (*Business Plan di…*); un po' più in giù la finalità della sua redazione (start up, nuovo prodotto, progetto di espansione...); in basso, la data e il luogo di compilazione.

Per quel che riguarda il tipo di carattere, è preferibile una simbologia classica (Times New Roman, Book Antiqua...), mentre le dimensioni non dovrebbero essere esagerate: sceglieremo la dimensione 16-18 per la denominazione, 14 per le finalità e 12 per la data (al corpo del documento destineremo, invece, la dimensione base di 14, 16 per l'intitolazione dei paragrafi, e 12 per le note). Seguirà un foglio, recante una sintetica replica, limitata alla sola intitolazione del Business Plan.

Premessa introduttiva

In questa prima sezione illustreremo le ragioni di premessa della preparazione del Business Plan quali ne siano le finalità e a quale utilizzazione sia destinato. Sarà un sunto brevissimo, lieve e sintetico; ogni analisi più approfondita sarà rinviata alle parti successive. In poche righe si esporrà la generale situazione di partenza, quali siano le motivazioni che consigliano di scandagliare nuove opportunità (o, semplicemente, di riorganizzarsi e potenziarsi), quali siano gli obiettivi di massima da raggiungere.

Compendio riassuntivo

Rappresenta il fulcro dell'intero Business Plan, quello che indurrà il finanziatore pubblico o privato ad andare avanti nella lettura e contiene la summa riepilogativa dell'intero Piano. Qui viene deciso – in buona sostanza – se l'eventuale finanziatore si orienterà a supportare l'iniziativa o meno. Tutto quello che in seguito verrà spiegato, analizzato e dettagliato conta certamente, ma è in questa prima parte che inizia a definirsi il processo valutativo interno. Un processo che, nel proprio svolgersi, si affezionerà all'impressione iniziale, che condizionerà fino all'ultimo paragrafo.

È un po' quello che succede quando si incontra una persona per la prima volta: è stato stimato che il primo giudizio inconscio si forma nel fuggevole fluire di soli sette secondi e che quella prima impressione non ci abbandonerà così facilmente, investendo la relazione interpersonale di una sorta di vincolante "pre-giudizio". È questo il motivo per cui è consigliabile preparare questo settore del Piano solo al termine, dopo avere organizzato e predisposto tutto il resto. Sarà, così, possibile selezionare, affinare e riversare il "succo" dell'iniziativa imprenditoriale in quello che rappresenta il cuore del documento.

E, allora, andiamo all'essenza: ci presenteremo con tutte le nostre caratteristiche di base e le nostre competenze (chi siamo, che cosa facciamo, con quali competenze specifiche), per poi passare rapidamente a descrivere:

- le ipotesi su cui si fonda il Business Plan;

- quali ne siano gli obiettivi;

- quali siano i tempi previsti per la sua realizzazione;

- in forza di quali linee strategiche si garantisce per la sua concreta attuazione.

In pratica, enunciata la **mission** (ossia la funzione e il ruolo dell'impresa nel mercato in un breve slogan, precisato in seguito), l'**idea** (origine, stato di avanzamento ed eventuali elementi di innovazione), la **formula imprenditoriale** (business system e struttura di commercializzazione), si passerà a descrivere, in una forma estremamente condensata:

- il **prodotto** (o **servizio**) **obiettivo**, dedicando una succinta attenzione ad aspetti di tipo quantitativo (dato finale di proiezione in termini di quota di mercato, di vendite, di profitto);

- le **determinanti del successo**, ovvero le eccellenze (risorse umane, relazioni, partnership, tecnologia, strumenti, modalità...) di cui disponiamo e che fanno ritenere credibile il raggiungimento degli obiettivi fissati.

SEGRETO n. 17: il compendio riassuntivo rappresenta il succo del piano nel suo complesso e solitamente decide le sorti di un Piano destinato ad attrarre investimenti nella propria attività.

Indice generale

Cosa ci sarà da dire sullo strumento che consente la pratica consultabilità del documento? Pochissimo, per la verità. L'avvertenza è quella di utilizzare opportuni spazi interlineari (che renderanno più facile l'individuazione dei vari comparti) e di consentire un chiaro sguardo d'insieme circa la razionale differenziazione fra paragrafi e sottoparagrafi (1, 1.1, 1.2... 2, 2.1, 2.2...).

Mission aziendale e assetto organizzativo

Nella parte generale di questa sezione andranno fornite dettagliate informazioni circa:

- il tipo e la forma giuridica della **società**, la data della sua costituzione, la descrizione della sede principale, degli uffici e delle sue unità locali, degli impianti, della tecnologia e dei brevetti di cui si è in possesso;

- la **mission** aziendale, spiegando il senso della propria esistenza: *a cosa serviamo?* Il modello della mission di Ashridge prevede quattro elementi che definiscono, appunto, la mission:

  o *scopo*: risponde ad alcune domande tese a individuare il fine ultimo dell'impresa (a vantaggio di chi è gestita? Perché si dovrebbe fare il massimo per il successo dell'impresa?...);

  o *valori*: sono i principi morali e i convincimenti che rappresentano la cultura dell'impresa, attribuendo significato alle norme di comportamento (ad esempio: mettere in primo piano le esigenze dei clienti);

  o *norme di comportamento*: sono le azioni concrete che derivano dallo scopo e dai valori; una volta catalogati, aiutano le persone a decidere cosa fare giorno per giorno;

  o *strategia*: è l'indicazione dei processi necessari per far sì che, nel rispetto dei valori e tramite i comportamenti codificati, venga raggiunto lo scopo della stessa mission.

In realtà, esiste una maniera molto efficace per giungere a definire la propria autentica mission, estraendola dalle tante possibili illustrazioni o motivazioni della propria attività; siamo in presenza della mission d'impresa solo in caso di risposta positiva a questa domanda: se le situazioni mutassero e questa convinzione di base ci penalizzasse, la manterremmo come nostro punto di riferimento?

- la struttura delle funzioni e delle responsabilità, nonché le competenze del **management** (eventuali esperienze pregresse, titoli e qualificazioni). La schematizzazione dell'esemplare organigramma che segue sarà, quindi, accompagnata da una presentazione più argomentata dei profili ritenuti più rilevanti (soprattutto nel caso lo scopo del Business Plan fosse quello di acquisire il favore di un investitore professionale):

PIANO DEL PERSONALE						
SETTORE/PERSONALE	GEN	FEB	MAR	...	2° ANNO	3° ANNO
Manager						
A. Giovanni - Amm.re Unico	8.333	8.333	8.333	8.333	115.000	132.250
B. Luigi – Addetto P.R.	6.250	6.250	6.250	6.250	86.250	99.188
C. Giuseppe – Direttore	6.667	6.667	6.667	6.667	92.000	105.800
Produzione						
D. Alessio – Capo Area	5.417	5.417	5.417	5.417	74.750	85.963
Personale (24)	40.000	40.000	40.000	40.000	552.000	634.800
Amministrazione						
E. Antonio – Capo Area	5.000	5.000	5.000	5.000	69.000	79.350
Personale (3)	5.000	5.000	5.000	5.000	69.000	79.350
Marketing						
F. Edmondo – Capo Area	5.833	5.833	5.833	5.833	80.500	92.575
Personale (5)	8.333	8.333	8.333	8.333	115.000	132.250
Vendite						
G. Antonella - Capo Area	4.583	4.583	4.583	4.583	63.250	72.738
Personale (7)	11.667	11.667	11.667	11.667	161.000	185.150
Information Technology						
H. Sonia - Capo Area	3.917	3.917	3.917	3.917	54.050	62.158
Personale (4)	6.667	6.667	6.667	6.667	92.000	105.800
TOTALE	117.667	117.667	117.667	117.667	1.623.800	1.867.370

(Fonte: con modifiche da www.tis.bz.it)

Nel quadro degli sforzi di rendere il "piano" credibile e "finanziabile", rientra in maniera preponderante l'impegno di creare un management team di qualità. Soprattutto a un investitore privato interesserà valutare le competenze caratteristiche dei richiedenti per poter appurare se il team imprenditoriale sia dotato delle qualità umane e del know-how necessario a garantire buone prospettive all'impresa.

Pertanto, qualunque sia la prospettiva del "piano", la sezione sarà sempre concentrata sui seguenti temi: composizione del team imprenditoriale, formazione, esperienza, successi e reputazione individuali, eventuali esperienze comuni del team, accordo sui ruoli e sugli obiettivi, coesione e coordinamento interni, motivazione individuale e di gruppo. È, infatti, innegabile che proprio la qualità di risorse umane rappresenta il fondamento su cui poggia la garanzia di successo di una qualsiasi attività umana.

SEGRETO n. 18: la mission aziendale si compone di quattro elementi costitutivi: scopo, valori, norme di comportamento e strategia, che, nella loro stessa disamina danno una prima misura del management aziendale, altro importantissimo aspetto che incide enormemente nella valutazione del Business Plan.

RIEPILOGO DEL GIORNO 2:

- SEGRETO n. 12: l'idea più innovativa e brillante non avrà alcun mercato se non serve a risolvere un bisogno o una necessità del potenziale cliente.

- SEGRETO n. 13: un buon Business Plan rappresenta una guida per l'attività (sia pure rimodulabile nel tempo), favorisce il finanziamento dell'attività e influisce positivamente nel rapporto con tutti gli stakeholder.

- SEGRETO n. 14: il Business Plan presenta e descrive l'azienda con la sua mission e i suoi obiettivi specifici, analizza opportunità e rischi e prospetta un'ipotesi realistica di andamento economico e finanziario.

- SEGRETO n. 15: l'uso parallelo di piani previsionali e rilevazioni reali consente la rilevazione di andamenti critici.

- SEGRETO n. 16: il Business Plan deve contenere alcuni indispensabili elementi accessori e cinque sezioni principali irrinunciabili: compendio, mission aziendale e assetto organizzativo, analisi strategica e obiettivi di marketing, strategia di marketing, pianificazione finanziaria e controllo.

- SEGRETO n. 17: Il compendio riassuntivo rappresenta il succo del piano nel suo complesso e solitamente decide le sorti di un Piano destinato ad attrarre investimenti nella propria attività.

- SEGRETO n. 18: la mission aziendale si compone di quattro elementi costitutivi: scopo, valori, norme di comportamento e strategia, che, nella loro stessa disamina danno una prima misura del management aziendale, altro importantissimo aspetto che incide enormemente nella valutazione del Business Plan.

GIORNO 3:
Come avviare un'analisi strategica ben strutturata

Analisi strategica e obiettivi di marketing

In questa parte dell'ebook:

- si fornirà il quadro della situazione dell'azienda nell'ambito dello scenario più prevedibile (dati e tendenze riguardanti l'inflazione, tassi d'interesse e di cambio, livelli occupazionali generali e di settore, andamento retributivo, variabili ambientali e socio-politiche);

- si riepilogheranno le ricerche di mercato (interne ed esterne), trasfondendone i risultati in una serie di analisi comunemente definite con l'acronimo SWOT (Strenghts = punti di forza; Weaknesses = punti deboli; Opportunities = opportunità; Threats = minacce);

- si riepilogheranno i risultati/vendite relativi agli ultimi tre anni (sempre che non si tratti di una start up);

- si descriveranno i prodotti chiave, accludendo un'analisi dei pertinenti fattori commerciali e tecnologici;

- si identificheranno le aree e i segmenti di maggior interesse, nonché un'attenta indagine conoscitiva sull'ambiente competitivo;

- si definiranno formalmente gli obiettivi di marketing.

SEGRETO n. 19: operare un'analisi di marketing significa adoperarsi per inquadrare compiutamente lo scenario competitivo.

Si tratta di relazionare circa le dinamiche entro le quali si opera e si opererà: opportunità e minacce rapportate ai nostri punti di forza e di debolezza per mezzo di una diversificata azione di "audit", rappresentata in questo semplice schema:

AREE DI UN'ANALISI SWOT	
AUDIT ESTERNO	
1 **AMBIENTE ECONOMICO E CAMPO D'ATTIVITÀ**	• Aspetti economici, politici, fiscali, legali • Fattori sociali e culturali • Tecnologia • Relazioni intersocietarie
2 **IL MERCATO**	• Mercato globale (dimensioni, crescita e tendenza in valore/volume) • Mercato targettizzato (caratteristiche, sviluppi e tendenze, prodotti e prezzi rilevati, distribuzione fisica, canali, clienti, comunicazione, usi)
3 **LA CONCORRENZA (PRINCIPALI)**	• Dimensioni • Copertura del mercato • Nome e considerazione nel mercato • Capacità produttive • Politiche di distribuzione • Metodi di marketing • Grado di diversificazione • Personale e competenze risorse umane • Partnership e collegamenti internazionali • Livelli di convenienza, punti di forza e di debolezza
AUDIT INTERNO	
Ø **LA PROPRIA SOCIETÀ**	• Vendite (totali, ripartite geograficamente, per settore, per cliente, per prodotto…) • Quote di mercato • Margini di profitto e costi • Informazioni e ricerche di marketing • Mix di marketing (variabili, gestione di prodotto, prezzo, distribuzione, sostegno, gestione operativa e risorse)

Nell'obiettivo di scandagliare lo stato e le prospettive di un'azienda nel suo complesso, potremmo poi ricorrere a uno schema riassuntivo come questo:

ANALISI SWOT RELATIVA ALL'AZIENDA	
PUNTI DI FORZA	**PUNTI DI DEBOLEZZA**
• Partnership con grande Gruppo • Ottima immagine di qualità • Adeguate risorse finanziarie ed espertise • Esportazioni di buon livello	• Staticità vendite sul mercato interno • Scarso personale di marketing • Considerazione sul mercato da migliorare • Sviluppo sito web in attesa di perfezionamento
OPPORTUNITÀ	**MINACCE**
• L'azienda partner programma investimenti nel marketing • Preparazione nuovo reparto Ricerca e Sviluppo • Apertura a breve di uno stabilimento in Asia	• Prodotti a basso costo dall'Oriente

... che ci consente di inquadrare con un semplice colpo d'occhio anche contesti molto complessi.

Ma, come abbiamo visto, un'analisi SWOT permette di monitorare anche una serie di importanti aspetti collaterali all'azienda nella sua frammentata unitarietà (l'organizzazione di vendita, il prodotto, l'area di vendita, un segmento di mercato). Qualche esemplificazione:

ANALISI SWOT RELATIVA ALL'ORGANIZZAZIONE DI VENDITA	
PUNTI DI FORZA	PUNTI DI DEBOLEZZA
• Grande forza di vendita • Disponibilità esperti nel settore • Uffici e intranet di nuova concezione	• Esperienza limitata dei nuovi assunti • Necessità formazione professionale
OPPORTUNITÀ	MINACCE
• Ristrutturazione forza vendita • Formazione avanzata e nuovo responsabile	• Carenza interna di professionisti del marketing • Espansione forza vendita dei concorrenti

ANALISI SWOT RELATIVA AL PRODOTTO

PUNTI DI FORZA	PUNTI DI DEBOLEZZA
• Buona gamma • Solidità e flessibilità	• Peso superiore rispetto ai prodotti concorrenti • Costi di produzione elevati
OPPORTUNITA'	**MINACCE**
• Realizzazione in Paesi caratterizzati da basso costo del lavoro • Sviluppo prodotto migliorativo	• Importazioni a basso costo • Materiali innovativi usati dai concorrenti

ANALISI SWOT RELATIVA A UN'AREA DI VENDITA

PUNTI DI FORZA	PUNTI DI DEBOLEZZA
• Siti industriali/commerciali concentrati •	• Presenza molti concorrenti • Lentezza di riacquisto
OPPORTUNITÀ	**MINACCE**
• Diversificazione in nuovi settori •	• Rischio chiusura aziende clienti • Rischio spostamento impianti produttivi di aziende clienti all'estero

ANALISI SWOT RELATIVA A UN SEGMENTO DI MERCATO

PUNTI DI FORZA	PUNTI DI DEBOLEZZA
• Management di elevato livello riconosciuto	• Scarsa economia di scala • Prezzi di mercato troppo bassi
OPPORTUNITÀ	**MINACCE**
• Investimenti in mercati in via di sviluppo • Studio nuovi prodotti	• Concorrenti prestigiosi

Se siamo stati disciplinati nel raccogliere e ordinare elementi d'informazione a sufficienza, le analisi SWOT potranno anche presentarsi molto più dettagliate e stringenti, integrando un quadro esplorativo molto più valido e utile di quello esemplificato.

Dall'analisi per segmenti dovrebbe derivare uno schema riepilogativo di questo tipo, organizzabile in senso decrescente per numerosità del segmento (o anche per tasso di crescita):

ANALISI DI SEGMENTO		
Segmento clienti potenziali	Numerosità	Tendenza % di crescita
Segmento A	320.000	+15
Segmento B	250.000	-3
...	158.000	+25
...	89.000	+10
...	75.000	-5
...	68.000	-7
...	59.000	+12
...	45.000	+9
SEGMENTO Z	15.000	-6

Si adopera l'analisi SWOT anche per valutare i nostri più diretti concorrenti (in una forma assoluta):

ANALISI SWOT RELATIVA AL CONCORRENTE XYZ	
PUNTI DI FORZA	**PUNTI DI DEBOLEZZA**
• Dimensioni • Variegata gamma di prodotti • Quota di mercato ampia (%?) • Reputazione e visibilità	• Situazione critica con un distributore/fornitore • Forza di vendita inesperta • Prodotti non innovativi • Supporto al cliente inadeguato
OPPORTUNITÀ	**MINACCE**
• Elevati costi di produzione del concorrente • Sviluppo in fase avanzata di un nuovo prodotto	• Stanno migliorando il supporto al cliente • Costruzione di uno stabilimento in paese dai bassi costi di lavoro

... per giungere a una valutazione comparativa, impostata soprattutto sul decisivo grado di soddisfazione dei clienti:

ANALISI FATTORI DI SODDISFAZIONE					
FATTORE CRITICO	A	B	C	TOP SELLER	NOSTRO POSIZIONAMENTO
1 Distribuzione	8	7	10	C	4
2 Servizi accessori	10	5	5	A	4
3 Prodotto	8	4	6	NOI	1
4 Qualità	9	9	6	A-B	3
5 Design	7	2	8	C	3
6 Prezzo	6	5	2	NOI	1
7 Confezione	8	3	5	A	3
8 Pubblicità	9	4	9	A-C	3
9 Promozione	4	7	8	C	4
10 Forza vendita	3	6	5	NOI	1

Nota: *A-B-C rappresentano i concorrenti principali (valutazione crescente da 1 a 10).*

Facile decifrare l'utilizzazione della tabella: gli elementi da considerare sono elencati nella seconda colonna e, in corrispondenza di ognuno, nella terza, quarta e quinta: le relative valutazioni; nella sesta colonna sono, invece, indicati i "top seller", i migliori in ogni singola accezione. L'ultima colonna (di confronto) riporta il posizionamento della nostra azienda nella particolare classifica (qui ristretta a tre competitors per pura esigenza di sintesi).

Occorrerà creare una banca dati sui concorrenti (relazioni di bilancio, pubblicazioni, associazioni di categoria, documentazione tecnica e commerciale) e tenersi costantemente aggiornati sulle loro dinamiche interne ed esterne (tramite clienti, fornitori, distributori...): lo studio della concorrenza è basilare per il successo di un'attività!

SEGRETO n. 20: un'analisi SWOT ci consente di identificare punti di forza e di debolezza, opportunità e minacce in un ampio spettro di ambiti aziendali esogeni ed endogeni.

Al fine di aiutare ad analizzare i punti di forza o di debolezza della nostra azienda e di quelle concorrenti nel loro complesso, è utile costruire una tabella di questo tipo e compilarla assegnando una valutazione alle performance e al loro grado d'importanza:

ANALISI DEI PUNTI DI FORZA E DI DEBOLEZZA AZIENDALE										
			PERFORMANCE					IMPORTANZA		
VALUTAZIONE			++	+	+-	-	--	+	+-	-
1	MARKETING	Immagine dell'azienda								
2		Quota di mercato								
3		Percezione della qualità								
4		Immagine del servizio								
5		Produzione: costi								
6		Distribuzione: costi								
7		Promozione: efficacia								
8		Forza vendita: efficacia								
9		R & S e innovazione								
10		Copertura geografica								
11	FINANZA	Costo del capitale								
12		Profitti								
13		Equilibrio finanziario								
14	PRODUZIONE	Attrezzature e impianti								
15		Economie di scala								
16		Capacità produttiva								
17		Specializzazione forza lavoro								
18		Celerità consegne								
19		Competenze tecniche di produzione								
20	ORGANIZZ.NE	Abilità e intuitività della leadership								
21		Specializzazione impiegati								
22		Orientamento imprenditoriale								
23		Flessibilità								

Altra tabella utile a costruire un buon sistema di analisi di tipo SWOT (che indaghi in maniera puntuale punti di forza e di debolezza aziendale e di prodotto) è la seguente:

VARIABILI DI DIFFERENZIAZIONE				
PRODOTTO	SERVIZI	PERSONALE	CANALE	IMMAGINE
Forma	Semplicità d'ordinazione	Credibilità	Affidabilità	Marchio e simboli
Caratteristiche	Consegna	Affidabilità	Copertura	Presenza sui media
Conformità	Installazione	Prontezza	Esperienza	Atmosfera
Prestazioni	Assistenza cliente	Comunicazione	Prestazioni	
Durata	Consulenza post-vendita	Competenza	Eventi	
Affidabilità	Manutenzione	Cortesia		
Stile	Riparazione			
Design				
Riparabilità				

Per quanto riguarda il prodotto (o il servizio) che la nostra azienda produce (o produrrà), si dovrà procedere a un'illustrazione di tipo specifico:

- si descriveranno uno per uno (denominazione e chiara descrizione dell'aspetto esteriore, caratteristiche, packaging e funzionalità);

- si confronteranno con i prodotti concorrenti, evidenziandone i benefici differenziali per il potenziale cliente (usando criteri omogenei di comparazione, come esemplificato in precedenza);

- si indicheranno fornitori (materie prime, semilavorati…) e l'eventuale ricorso all'outsourcing;

- si descriverà l'apparato produttivo e tecnologico disponibile (o implementabile).

Per quanto riguarda i servizi (o l'assistenza prestata prima, durante e dopo la vendita di un prodotto), una tabella di questo tipo è in grado di offrire interessanti spunti per un'eccellente analisi SWOT:

	STUDIO VALUTAZIONE IMPORTANZA DELLA PERFORMANCE NEI SERVIZI			
	ATTRIBUTO	IMPORTANZA	QUALITA'	VALUTAZIONE GLOBALE
1	Lavoro svolto correttamente in prima battuta	3,50	2,40	8,40
2	Soluzione rapida di un reclamo	2,12	1,80	3,82
3	Intervento celere in garanzia	3,80	2,60	9,88
4	Capacità di svolgere la totalità del lavoro	4,50	3,60	16,20
5	Servizio cortese e amichevole	3,40	1,50	5,10
6	Prezzi contenuti	2,40	1,90	4,56
7	Pulizia dopo il servizio	2,90	2,80	8,12
8	Prossimità all'abitazione	1,90	2,70	5,13
9	Previsione mezzo sostitutivo	3,80	2,20	8,36
	SCALA DI VALUTAZIONE	<12345>	<1234>	

Ma – prodotto o servizio – una delle prime cose da stabilire è lo stadio di sviluppo dell'offerta. Nel seguente schema viene rapportata la quota detenuta su un mercato e lo stadio di crescita del mercato:

Il significato è semplice: normalmente il prodotto entra in un mercato con un'alta potenzialità di crescita (*Fase 1*), poi aumenta la sua quota di mercato (*Fase 2*), la crescita si allenta (*Fase 3*) e, infine, anche la quota di mercato tende ad azzerarsi (*Fase 4*). Conseguentemente, il comportamento di supporto al prodotto (operazioni promozionali, pubblicità...) andrà tarato secondo le fasi della sua affermazione sul mercato.

In tempi di fortissima dinamicità economica e rapido esaurimento del ciclo vitale di prodotto, appare essenziale cercare di interpretarne – momento per momento – il ciclo di vita e la fase in cui si trova: questa è la strada che porta a indirizzare le risorse più adeguate (qualitative e quantitative) sul giusto prodotto.

Sarà bene, quindi, nell'analisi cui siamo intenti, cercare di valutare in quale stadio di vita è il nostro prodotto, al fine di scegliere la più adeguata forma di marketing. Un'analisi condotta con razionalità può portarci, ad esempio, a stabilire con una certa precisione quando sia il momento di "spremere" il vecchio prodotto con saldi e offerte speciali (*Fase 3*), mentre prepariamo un prodotto innovativo che segua le tendenze evolutive del mercato.

SEGRETO n. 21: identificare il ciclo di vita del prodotto è molto importante e ci permette di affiancargli la giusta strategia di marketing.

Un parametro di valutazione del tutto nuovo è incorporato nella "quota di attenzione", introdotta da Frank Lynn & Associates, nota società di consulenza internazionale e ottenuta come prodotto fra i seguenti tre fattori:

- **gamma dei prodotti**, ovvero quanta parte delle esigenze di mercato possiamo soddisfare con i nostri prodotti;

- **grado di presenza**, ovvero quanta parte del mercato serviamo con la nostra rete di distribuzione;

- **efficienza di vendita**, ovvero quante occasioni di vendita riusciamo a tradurre in vendita effettiva.

La stessa quota di mercato potrebbe essere calcolata attraverso questo procedimento (ad esempio: se coprissimo il 40% dei bisogni del mercato, fossimo presenti nel 50% dei punti vendita e il nostro prodotto fosse scelto il 60% delle volte, l'indice sarebbe pari al 12%) e, in questo senso, l'utilità del parametro è evidente: curando adeguatamente uno qualunque dei tre fattori, si incide direttamente sulle potenzialità e sulla quota di mercato.

SEGRETO n. 22: la "quota di attenzione" è un criterio di valutazione molto interessante, che permette perfino di calcolare la quota di mercato approssimativa sulla base di parametri abbastanza aprioristici.

Ma quanto è grande il mercato di nostro interesse? Una stima del **potenziale totale di mercato** (ovvero: il livello di vendite di tutte le imprese operanti in un certo settore, in un certo periodo di tempo, dato un certo investimento di marketing e un determinato ambiente) può essere facilmente estrapolata misurando il numero potenziale di acquirenti, moltiplicandolo per la quantità media acquistata da un acquirente e poi per il prezzo.

Un metodo più affidabile è quello di ricorrere alle tante fonti informative secondarie (associazioni di categoria, le Camere di Commercio, Confindustria, Confcommercio, Ministero dello Sviluppo Economico e così via) o alle altre innumerevoli risorse presenti sul web (www.cerved.it, http://www.kompassitalia.it/, www.euromonitor.com, www.frost.com…).

In prima battuta, comunque, nel caso si volesse valutare l'ingresso in un dato mercato, si potrebbe utilizzare una tecnica molto originale: quella suggerita dalla Legge di Zipf (un metodo generale utile a determinare rapidamente una struttura globale in una massa di informazioni apparentemente omogenea a partire da un numero apparentemente insufficiente di dati). La formula è questa:

$$F \approx 1/R$$

dove **F** rappresenta la frequenza di un evento ed **R** è il suo rango, ovvero il posizionamento in un elenco di elementi disposti in ordine decrescente (l'evento più frequente è il primo in ordine di rango, l'evento immediatamente successivo per frequenza è il secondo...).

Il significato della formula è chiaro: la frequenza di un evento (o di un bene) è inversamente proporzionale al suo rango. Va bene per determinare il grado di diffusione delle parole in una data lingua o anche della numerosità delle città di un certo Paese. Nel nostro caso, come già sperimentato, è utile a determinare le dimensioni di un mercato purché si sia in possesso del numero delle imprese operanti nel settore e dei dati di bilancio relativi alla prima (fatturato, profitti, quota di mercato). Facciamo un semplice esempio, basato sui seguenti ipotetici dati:

- nr. 15 imprese;
- fatturato della prima in ordine di rango: 7.000.000 €.

Applicando la formula, il mercato potenziale (in termini di fatturato) sarà pari a:

$$7.000.000 + \frac{7.000.000}{2} + \frac{7.000.000}{3} + \ldots + \frac{7.000.000}{15} \approx 23.224.000$$

Di conseguenza, si può presumere che il mercato globale potenziale sia approssimativamente pari a 23.224.000 €.

Con la stessa metodologia saremo in grado di determinare quota di mercato, profitti e quant'altro (sia pure in via preliminare e approssimata).

SEGRETO n. 23: la Legge di Zipf permette di calcolare in via approssimativa la numerosità di un mercato potenziale sulla base dei dati relativi alla società leader e al numero di aziende operanti nel settore.

Allo scopo, poi, di prevedere la domanda futura che riguarda la nostra azienda, si adopererà una procedura in tre stadi:

- una previsione ambientale macroeconomica (tasso d'inflazione, livello occupazionale, tasso d'interesse, consumo e risparmi delle famiglie, investimenti delle imprese, esportazioni...);

- una previsione di settore;

- una previsione delle vendite dell'impresa sulla base dell'ipotesi del raggiungimento di una certa quota di mercato.

Ma cos'è e come si fa un buon monitoraggio del mercato? La base primaria per una valida azione di marketing è, ancora una volta, costantemente l'informazione. E se non si vuol ricorrere a istituti specializzati nelle ricerche di marketing, l'apparato informativo deve basarsi sull'accurata analisi di fonti di natura secondaria, quali:

- **fonti aziendali interne** (conti economici e patrimoniali, statistiche, rapporti vendite, movimenti di magazzino e ricerche passate);

- **pubblicazioni ufficiali** (*Annuario Istat, Annuario Statistico Italiano, Annuario di Statistiche Demografiche, Annuario Statistico del Servizio Sanitario Nazionale, Annuario di Statistiche Industriali, Statistica Commercio con l'Estero,* Censimenti generali dell'agricoltura, della popolazione, dell'industria, del commercio, dei servizi e dell'artigianato,

Annuario statistico del commercio interno e del turismo, Annuario statistico del trend del lavoro, Statistiche ministeriali, Camere di Commercio, Banca d'Italia, Regioni, Istituto Nazionale Commercio con l'Estero, Eurostat, ONU, OCSE, Banca Mondiale, GATT…);

- **libri e periodici** (articoli, repertori, rapporti, *Bollettino Statistico* della Banca d'Italia, *Rassegna Congiunturale di Confindustria*, oltre alle ulteriori pubblicazioni di Confindustria, ABI, Confcommercio, Federchimica, Federmeccanica, nonché riviste quali *Espansione, Il Mondo, Finanza, marketing e produzione, Micro&Macro Marketing, Journal of Marketing, Journal of Marketing Research, Journal of Consumer Research*, Advertising Age, *Chain Store Age, BusinessWeek, Fortune, Forbes, Harvard Business Review* e giornali quali *Il Sole 24 ore, Financial Times, The Economist, The Wall Street Journal*).

In alternativa (o meglio: in contemporanea) si può optare per ricerche di tipo primario:

- ricerca per osservazione degli attori nelle situazioni rilevanti;
- interviste di gruppo;

- ricerche per sondaggio;

- rilevazione e analisi dei comportamenti d'acquisto dei clienti attraverso il costante aggiornamento di un data base;

- ricerca sperimentale, che mira a individuare relazioni di causa-effetto fra fenomeni connessi all'acquisto.

Sarebbe sempre il caso, comunque, di rendere partecipi la forza vendita, i fornitori, i distributori e, in generale, tutti gli stakeholder dell'apprezzabilità di una periodica trasmissione di indicazioni e notizie utili ad alimentare la raccolta di dati sul cliente. Tutte le informazioni recepite si renderanno indispensabili per stimare la qualità e la misura della domanda (*preventivamente*) per intercettare le aspettative del cliente (*poi*).

SEGRETO n. 24: il monitoraggio del mercato si basa su ricerche di tipo secondario (fonti aziendali interne, pubblicazioni ufficiali libri e periodici) e primario.

A questo punto, dovremo anche tener conto (e dare conto) delle tendenze ambientali di natura incontrollabile (già generalizzate nel Giorno 1), che potrebbero incidere sulla nostra azienda e il successo del nostro prodotto:

- cornice legislativa e normativa (controllo dei prezzi, standard di qualità e di pubblicità, norme che regolano la concorrenza);

- situazione economica (tassi d'interesse, fluttuazioni dei cambi, inflazione, disoccupazione, tasse, che, fra l'altro, influiscono tutte sulla capacità di spesa dei potenziali compratori);

- società (peso delle associazioni consumatori e interesse dell'opinione pubblica verso temi come l'ecologia, l'inquinamento e la qualità della vita);

- tecnologia (causa prima dell'accorciamento del ciclo di vita dei prodotti).

La metodologia più nota che consente di individuare quali variabili dell'ambiente abbiano maggior impatto sul futuro di un'impresa è proprio la PEST (acronimo per: Politica, Economia, Società, Tecnologia), basata sull'analisi di alcune importati variabili.

Di importanza sempre rilevante, diventa essenziale ricorrere a un'analisi di questo tipo se si vuole entrare in mercati "sconosciuti". Dettagliando e pesando ogni singolo aspetto, decisioni e scelte saranno le automatiche risultanti del grado di precisione con cui saranno stati raccolti i dati. Ecco un'ipotetica base strutturata per una completa analisi PEST:

ANALISI PEST	
POLITICA	
1	Stabilità del Governo
2	Pressione fiscale
3	Disciplina della concorrenza, del mercato del lavoro e dei capitali
4	Deregulation
5	Atteggiamento verso gli investimenti stranieri
6	Privatizzazione
7	Barriere allo scambio internazionale
8	Protezione dell'ambiente
ECONOMIA	
1	Prodotto Interno Lordo (PIL)
2	Consumi privati
3	Distribuzione dei redditi fra la popolazione
4	Reddito disponibile
5	Inflazione
6	Salari/costo del lavoro
7	Intervento dello Stato nell'economia
8	Apprezzamento/deprezzamento della moneta rispetto a quelle dei concorrenti
9	Costo del denaro
SOCIETÀ	
1	Demografia: distribuzione della popolazione per fasce d'età
2	Demografia: distribuzione della popolazione per composizione nuclei familiari
3	Stile di vita
4	Sensibilità ai rapporti dieta/salute e valore del prodotto/prezzo
5	Sensibilità alla difesa dell'ambiente
6	Attività dei movimenti di protezione del consumatore
7	Attitudine verso il lavoro e l'imprenditorialità
8	Valori della tradizione

TECNOLOGIA	
1	Investimenti in ricerca e sviluppo nei vari settori e in generale
2	Protezione della proprietà intellettuale
3	Ritmo di lancio nuovi prodotti
4	Qualificazione personale della forza lavoro

SEGRETO n. 25: la metodologia PEST consente di individuare le variabili ambientali di maggior impatto sulle prospettive di un'impresa.

Nella seguente tabella sono riportati, invece, specifici sviluppi che già caratterizzano l'ambiente imprenditoriale indifferenziato e che promettono di ampliarsi fino a pervaderlo totalmente:

NECESSITÀ DI MANAGEMENT PER IL FUTURO	
ELEMENTI DI SCENARIO	
1	Saturazione mercati e segmentazione spinta (clienti più informati, esigenti, importanti)
2	Ipercompetizione
3	Regolamentazione settori importanti
4	Investitori attenti all'adeguato ritorno sul capitale investito
IMPATTO SULL'IMPRENDITORIA	
1	Aumento complessità dell'impresa
2	Contrazione dei margini di profitto
3	Rilevanza crescente della performance e organizzazioni segmentate per servire al meglio il cliente
4	Instabilità del modello di business con aumento del rischio
5	Necessità di strategia articolata
6	Necessità di delega guidata e controllo
7	Eccesso di informazioni
8	Aumento dell'interesse verso talenti "creativi"

	IMPATTO SUL MANAGER
1	Pressione crescente
2	Responsabilità in aumento
3	Necessità di visione globale del sistema impresa e delle sue performance
4	Necessità di coordinamento e lavoro di squadra
5	Necessità di selezione di numerose informazioni e decisioni rapide
6	Aumento della parte variabile della retribuzione
	NECESSITÀ FUTURE
1	Formazione e apprendimento continuo
2	Omogeneità della cultura fondata su cliente e valore
3	Coaching sui talenti
4	Gestione dei profitti a lungo termine
5	Innovazione e test di sviluppo continui

Le necessità future e gli impatti sull'imprenditoria e sul management si presentano tanto rilevanti da doverne tener conto in ogni iniziativa che voglia puntare in alto. E un piano che si ponga l'obiettivo di coinvolgere finanziatori dovrà contenerne la consapevolezza. Le domande cui, in definitiva, dovremo allora rispondere saranno:

- come si evolve l'ambiente che circonda la nostra azienda nello specifico mercato?

- che tipo di ricaduta avrebbe la concretizzazione di un certo numero di ipotesi?

- qual è la probabilità che le tendenze ipotizzate si concretizzino?

- a quali di queste specifiche prospettive dovremo dedicare maggiore attenzione?

La risposta ai primi tre quesiti consente di costruire un sistema coordinato di questo tipo, che ci metterà, poi, in grado di rispondere all'ultima domanda.

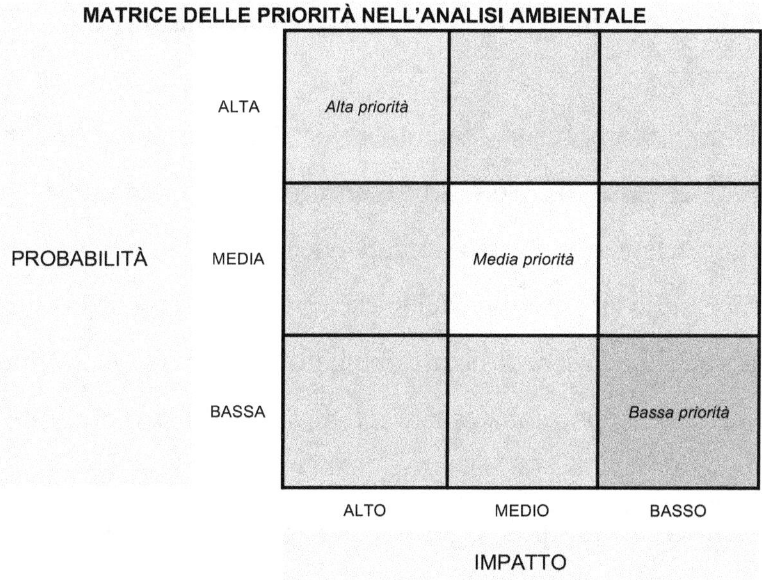

Ma come si fa a costruire questa matrice? Si dispongono i singoli eventi (identificati come plausibili) lungo la matrice sulla base della loro prevedibilità (ordinate) e della loro forza d'impatto sulla nostra azienda e sul nostro prodotto (ascisse), in maniera da poterne tenere ordinatamente conto secondo la combinazione delle due dimensioni e il rapporto con gli altri fattori di rischio/opportunità più prossimi.

SEGRETO n. 26: la matrice delle probabilità nell'analisi ambientale ci permette di graduare le ipotesi all'orizzonte secondo la combinazione di incidenza e probabilità.

Abbiamo compreso quanto sia importante descrivere dettagliatamente il prodotto, identificarne lo stadio di vita e analizzare le variabili ambientali che potranno incidere sul suo futuro e sulle prospettive del mercato di interesse. Ma qual è, o quale potrebbe essere il nostro mercato obiettivo? Quale tipologia di clientela è, o potrebbe essere interessata al nostro prodotto?

Se lo abbiamo stabilito, significa che abbiamo già fatto le ricerche con metodo, partendo da un'adeguata segmentazione. In linea di principio, possiamo dire che partiremo dall'analisi SWOT applicata ad ogni ipotetico mercato obiettivo. Ma quali e quante potrebbero essere le ipotesi di segmentazione del mercato? In linea di principio: infinite (tipo di clientela, comportamento e criteri d'acquisto, sensibilità a prezzi, pubblicità, qualità del prodotto…).

Schematizzando, le tipologie più comunemente adoperate possono essere così riassunte:

- variabili geografiche (aree geografiche, clima, numero di abitanti o densità);

- variabili demografiche (fasce d'età, sesso, numero dei membri o ciclo della famiglia, reddito, occupazione, istruzione, religione, nazionalità);

- variabili psicografiche (classe sociale, stili di vita, personalità);

- variabili di comportamento (occasioni, situazioni, intensità o vantaggi ricercati nell'uso di un prodotto, fedeltà alla marca, consapevolezza, atteggiamento generale).

SEGRETO n. 27: le modalità di segmentazione sono davvero infinite (tanto che riuscire a creare un segmento nuovo è considerata una speciale qualità del management, tanto si

rivela produttivo), ma le più adoperate sono quella geografica e quella demografica per la loro facile misurabilità.

Ma esistono dei prerequisiti che rendano ottimale la nostra operazione di segmentazione? Sì:

- i segmenti devono essere identificabili e misurabili (deve essere chiaro chi sta dentro e chi fuori) e deve essere possibile quantificare la domanda potenziale;

- deve essere possibile misurare costi e ricavi per ogni segmento sottoposto ad attenzione;

- il mercato segmentato deve dare vantaggi che giustifichino le risorse impiegate nel marketing mix;

- i segmenti devono essere raggiungibili (anche sul piano comunicativo pubblicitario) a costi ragionevoli;

- i benefici per i potenziali compratori devono essere stabili nel tempo.

In definitiva, comunque, la scelta del segmento parte sempre da considerazioni circa i nostri punti di forza e di debolezza (generale e particolare) e del nostro quadro rischi/opportunità: merita, quindi, una più che attenta ponderazione per le profonde conseguenze che induce sulle fortune aziendali. Una qualsiasi opportunità per un'azienda non si riflette automaticamente su tutte le altre con la medesima intensità (per qualcuna, potrebbe addirittura rivelarsi una minacciosa realtà).

Un consiglio utile è quello di tenere sempre aggiornate le nostre analisi SWOT (azienda, prodotto, organizzazione vendita, concorrenti...).

SEGRETO n. 28: i segmenti selezionati devono avere alcuni requisiti essenziali, ma uno è indispensabile, ed è la compatibilità con le caratteristiche della nostra azienda.

Analogamente, dovremo considerare le peculiarità della nostra struttura aziendale, le nostre competenze, i nostri tratti distintivi prima di decidere a quale segmento di mercato mirare. E, allora, sarà proprio il caso di utilizzare una tabella che ci aiuti a valutare – segmento per segmento – quanto si attagli e sia compatibile con le nostre potenzialità:

ATTRATTIVITÀ SEGMENTO E POSIZIONE COMPETITIVA			
REQUISITI	COEFF. PONDERAZIONE	VALUTAZIONE	PUNTEGGIO
ATTRATTIVITÀ SEGMENTO Dimensione globale del mercato	0,20	4,00	0,80
Tasso annuo di crescita del mercato	0,15	5,00	0,75
Margine di profitto	0,20	4,00	0,80
Intensità competitiva	0,15	2,00	0,30
Fabbisogno di tecnologia	0,15	4,00	0,60
Vulnerabilità per effetto dell'inflazione	0,05	3,00	0,15
Fabbisogno energetico	0,05	2,00	0,10
Impatto ambientale	0,05	3,00	0,15
Impatto socio-politico	ACCETTABILITÀ		
PUNTEGGIO GLOBALE			3,65
POSIZIONE COMPETITIVA Quota di mercato	0,10	4,00	0,40
Sviluppo della quota	0,10	2,00	0,20
Qualità del prodotto	0,15	4,00	0,60
Reputazione marca	0,10	5,00	0,50
Sistema di distribuzione	0,05	4,00	0,20
Efficacia promozionale	0,05	3,00	0,15
Capacità produttiva	0,05	3,00	0,15
Efficienza produttiva	0,05	2,00	0,10
Costi unitari	0,15	3,00	0,45
Fonti di approvvigionamento	0,05	5,00	0,25
Attività di ricerca e sviluppo	0,10	3,00	0,30
Risorse manageriali	0,05	4,00	0,20
PUNTEGGIO GLOBALE			3,50

Fonte: La Rue T. Homer, Strategie di Management, Prentice-Hall, Englewood Cliffs, 1982

Di più, la stessa tabella (debitamente integrata) può essere convertita in un efficiente e decisivo indicatore di profittabilità, nel caso stessimo valutando l'ingresso in un nuovo mercato geografico.

Siamo ora pronti a dichiarare i nostri obiettivi di marketing (redditività, sviluppo delle vendite, aumento quota di mercato, contenimento del rischio, innovazione, reputazione e difesa del marchio) di cui la strategia di marketing dovrà impostare la realizzazione e ai quali i nostri piani previsionali si occuperanno di fornire sostanza.

Innanzitutto, vediamo quali sono gli attributi indispensabili degli obiettivi che ci poniamo:

- devono essere espressi il più possibile in termini quantitativi;
- devono essere realistici;
- devono essere coerenti (ad esempio, è molto difficile massimizzare nella stessa misura vendite e profitti);
- devono essere strutturati in maniera gerarchica, secondo criteri di importanza decrescente;
- devono tenere nella debita considerazione quanto emerso attraverso l'attività di ricerca informativa.

SEGRETO n. 29: gli obiettivi fissati devono essere realistici, coerenti, gerarchizzati, espressi in termini quantitativi e rispettosi dei risultati delle ricerche informative.

Ma stabilito lo stato di fatto e le tendenze, opportunamente fissati gli obiettivi, dobbiamo darci da fare per coglierli e, magari, per superarli. Che facciamo, allora? Be', oggi, ci siamo interessati alla **statica**, domani penseremo alla **dinamica**, parleremo del *come* e, in seguito, daremo anche una forma numerica alla previsione strategica e qualche indicazione di una certa importanza collaterale.

Ricordiamoci sempre, però, che i risultati promessi saranno possibili solo se ci impegneremo a fondo e con tutta la determinazione che meritano i nostri progetti. Se desideriamo raggiungere un obiettivo, non c'è scelta: la nostra dedizione deve essere totale. D'altronde, se l'abbiamo selezionato, sarà quello che ci realizzerà davvero e che sarà capace di renderci soddisfatti di noi. Allora assorbiamolo e ricomprendiamolo in noi come impegno totale: siamone certi, riusciremo a realizzarlo!

A questo proposito, vorrei porre un po' d'attenzione su un aneddoto rivelatore. Al termine di un concerto in cui si era espresso ai suoi massimi livelli, un grande violinista, Chrysler, ricevette un'ovazione senza fine e il pubblico lo seguì fino al suo camerino. A un certo punto, un ammiratore volle esprimergli la sua stima e la sua ammirazione così: «Darei la vita per suonare il violino come lei!». Chrysler gli rispose laconicamente: «È quello che ho fatto!».

E noi? Siamo pronti?

RIEPILOGO DEL GIORNO 3:

- SEGRETO n. 19: operare un'analisi di marketing significa adoperarsi per inquadrare compiutamente lo scenario competitivo.

- SEGRETO n. 20: un'analisi SWOT ci consente di identificare punti di forza e di debolezza, opportunità e minacce in un ampio spettro di ambiti aziendali esogeni ed endogeni.

- SEGRETO n. 21: identificare il ciclo di vita del prodotto è molto importante e ci permette di affiancargli la giusta strategia di marketing.

- SEGRETO n. 22: la "quota di attenzione" è un criterio di valutazione molto interessante, che permette perfino di calcolare la quota di mercato approssimativa sulla base di parametri abbastanza aprioristici.

- SEGRETO n. 23: la Legge di Zipf permette di calcolare in via approssimativa la numerosità di un mercato potenziale sulla base dei dati relativi alla società leader e al numero di aziende operanti nel settore.

- SEGRETO n. 24: il monitoraggio del mercato si basa su ricerche di tipo secondario (fonti aziendali interne, pubblicazioni ufficiali libri e periodici) e primario.

- SEGRETO n. 25: la metodologia PEST consente di individuare le variabili ambientali di maggior impatto sulle prospettive di un'impresa.

- SEGRETO n. 26: la matrice delle probabilità nell'analisi ambientale ci permette di graduare le ipotesi all'orizzonte secondo la combinazione di incidenza e probabilità.

- SEGRETO n. 27: le modalità di segmentazione sono davvero infinite (tanto che riuscire a creare un segmento nuovo è considerata una speciale qualità del management, tanto si rivela produttivo), ma le più adoperate sono quella geografica e quella demografica per la loro facile misurabilità.

- SEGRETO n. 28: i segmenti selezionati devono avere alcuni requisiti essenziali, ma uno è indispensabile, ed è la compatibilità con le caratteristiche della nostra azienda.

- SEGRETO n. 29: gli obiettivi fissati devono essere realistici, coerenti, gerarchizzati, espressi in termini quantitativi e rispettosi dei risultati delle ricerche informative.

GIORNO 4:

Come il Business Plan si fa strategia

Le premesse poste nel Giorno precedente ci danno modo di impostare finalmente la nostra azione di avvicinamento agli obiettivi secondo una composta logica di marketing. Il comparto della pianificazione strategica è molto importante e va trattato con delicata precisione.

Ma che cos'è la pianificazione strategica? Una volta impostati gli obiettivi di marketing, occorrerà formulare dei piani per conseguirli. E allora possiamo definire l'impegno strategico come un modo strutturato per identificare una gamma di scelte possibili. Tali scelte saranno, poi, selezionate e, quindi, coordinate al fine di rendere prevedibile la realizzazione degli obiettivi fissati, coerentemente con quelli più generali dell'impresa. E la loro naturale confluenza diventerà l'organizzazione e la programmazione delle specifiche attività, compresa l'individuazione della forma di sostegno finanziario più idonea.

SEGRETO n. 30: la pianificazione strategica è un modo strutturato per identificare una gamma di scelte coordinate finalizzate al raggiungimento degli obiettivi.

Ma dov'è tutta questa ragione d'importanza? In assenza di un'adeguata pianificazione, possiamo facilmente ipotizzare che sorgano alcune problematiche più o meno pervasive e riguardanti, ad esempio:

- il mancato sfruttamento di opportunità di profitto;

- la scarsa significatività delle proiezioni di lungo termine;

- la carenza di informazioni sul mercato;

- la frustrazione del management;

- la proliferazione incontrollata di prodotti e mercati;

- lo spreco nelle spese promozionali;

- caoticità nella determinazione dei prezzi;

- vulnerabilità ai cambiamenti ambientali;

- perdita di controllo sul business d'impresa.

Il punto di partenza è quello di indurre una cultura aziendale che orienti ogni comparto a considerarsi *dentro* gli obiettivi di marketing assunti come *finalità*, in una prospettiva che vada oltre il corrente e si apra a spettri temporali più ampi. Per un'immediata comprensione dell'ottica entro la quale tratteremo l'argomento "strategia", proponiamo una tabella di confronto fra i diversi tipi di approccio al mercato.

VERIFICA DELL'ECCELLENZA DI MARKETING		
BASILARE	BUONA	ECCELLENTE
Orientata al prodotto	Orientata al mercato	Influenzante il mercato
Orientata al mercato di massa	Orientata al segmento	Orientata alla nicchia e al cliente
Offerta di prodotti	Offerta di prodotti ampliati	Offerta di soluzioni per il cliente
Qualità media dei prodotti	Superiore alla media	Leggendaria
Qualità media dei servizi	Superiore alla media	Leggendaria
Orientata al prodotto finale	Orientata al prodotto base	Orientata alla competenza base
Orientata alla funzione	Orientata al processo	Orientata al risultato
Reazione ai concorrenti	Valutazione dei concorrenti	Sorpasso dei concorrenti
Sfruttamento dei fornitori	Preferenza dei fornitori	Partnership con i fornitori
Sfruttamento degli intermediari	Supporto degli intermediari	Partnership con gli intermediari
Orientata al prezzo	Orientata alla qualità	Orientata al valore
Velocità media	Superiore alla media	Leggendaria
Gerarchia	Rete	Lavoro di gruppo
Integrata verticalmente	Organizzazione piatta	Alleanze strategiche
Controllata dagli azionisti	Controllata dai dirigenti	Orientata alla società

Risulta subito evidente come l'eccellenza si ottenga focalizzandosi a tutto campo sul cliente e sull'appagamento dei suoi bisogni, mentre, nel contempo, si impostano le più proficue collaborazioni con tutti gli stakeholder.

Ma torniamo alla nostra pianificazione. E abbandoniamo subito il punto di vista tradizionale, basato su un'azione di marketing posticipata. Oggi, assistiamo a un mercato molto frammentato, in cui ogni segmento esprime le proprie richieste, particolari percezioni, singolari preferenze. È chiaro, dunque, che le operazioni di marketing vadano attivate fin dall'inizio delle fasi di produzione, promozione e distribuzione, e che debbano coinvolgere l'impresa nella sua interezza.

Si sta parlando del processo di creazione e distribuzione del valore, che si sviluppa in tre tempi:

1. **scelta del valore**: anche prima che esista il prodotto, l'azione di marketing si concentra sulla segmentazione del mercato, la selezione di un target adeguato e l'organizzazione del posizionamento dell'offerta;

2. **fornitura del valore al mercato**: preparato il prodotto, esso viene fornito al mercato target;

3. **comunicazione del valore**: il valore del prodotto viene comunicato al mercato obiettivo tramite la forza vendita, le promozioni, i messaggi pubblicitari e quant'altro ritenuto utile.

SEGRETO n. 31: il processo di creazione e distribuzione del valore procede dalla scelta del valore alla sua comunicazione, passando per la fornitura del valore al mercato.

Ma quali sono i fattori che influenzano la creazione di valore nel cliente? Per capirlo, l'analisi deve necessariamente indagare in tre aree di apprezzamento dal punto di vista del cliente:

- i benefici di carattere economico;

- i benefici di carattere psicologico;

- i benefici percepiti.

È così che si arriva alla formula generale (difficilissima da misurare nella pratica):

VALORE PER IL CLIENTE = BENEFICI APPREZZATI – COSTO DI ACQUISTO

I **benefici di carattere economico** si delineano quando i benefici che il cliente trae dall'acquisto superano il prezzo corrisposto. Le fonti di creazione di valore dal punto di vista economico sono:

- il costo di acquisto o l'uso stesso del prodotto/servizio (ad esempio, perché riduce il peso di altri costi);

- i costi di manutenzione e riparazione (se l'acquisto comporta anche una pratica manutenzione o l'assicurazione di un pronto intervento "at home", i costi per il cliente si riducono);
- l'offerta di prezzi o condizioni di pagamento più favorevoli rispetto a quelli dei concorrenti.

I **benefici di carattere psicologico** riguardano l'emozionalità del cliente e si aggiungono ai benefici economici. Il valore è dato dalla promozione attraverso un testimonial (con il quale il cliente tende a identificarsi) o il manifestato e concreto interesse per l'ambiente, la tutela della salute, il rispetto dei diritti delle minoranze, la lotta alla fame nel mondo (con quali impegni il cliente sia allineato).

I **benefici percepiti** fanno riferimento, ad esempio, all'immagine della marca (e al suo eventuale prestigio) o anche all'accoglienza in momenti di ricognizione pre-acquisto.

In definitiva, è la differenza fra benefici complessivamente percepiti e costi sostenuti che rilascia il valore reale per il cliente. E, allora, due sono le osservazioni progressivamente rilevanti:

- è certamente arduo calcolare sul piano numerico assoluto il valore della differenza proposta;

- è evidente l'esigenza e l'opportunità di incidere su uno dei valori interessati a determinarne il risultato (o entrambi), perché risulta chiaro che le operazioni in grado di aumentare il valore apprezzato dal cliente o di diminuire i suoi costi d'acquisto implicano l'aumento del valore per il cliente (che rappresenta il nostro obiettivo).

SEGRETO n. 32: la creazione del valore per il cliente si basa sui benefici apprezzati (economico, psicologico e percepito), sottratti i costi sostenuti.

A questo punto, è bene dare la definizione, che ne discende, di **vantaggio competitivo**: è quel qualcosa che conferisce a un'azienda l'immagine di chi è in grado di fornire benefici unici e/o costi percepiti sensibilmente inferiori, che la rendono preferibile rispetto alle concorrenti. Riuscire a tenere i costi economici sufficientemente bassi e ad ampliare le proprie capacità e competenze distintive è, quindi, l'obiettivo di ogni strategia di marketing che si rispetti.

Le competenze distintive si fondano sulle risorse dell'impresa, e si possono vedere distinte in:

- **risorse tangibili**, e cioè immobili, impianti e attrezzature, comprese le capacità operative, le economie di scala e di scopo, la copertura geografica della distribuzione, la pubblicità e la promozione, la capacità finanziaria, il costo delle materie prime (facili da imitare);

- **risorse intangibili**, e cioè il know-how di processi produttivi e marketing, immagine di marca (ad esempio: qualità e affidabilità), brevetti e marchi (difficilissimi da imitare e fonte di vantaggi competitivi duraturi e spesso irraggiungibili).

SEGRETO n. 33: il vantaggio competitivo sta essenzialmente nel fornire benefici unici (fondati su competenze distintive) e/o costi percepiti sensibilmente inferiori.

Dall'argomentazione, deriva che una prima scelta da compiere sarà quella di decidere se competere con una strategia di bassi costi (di penetrazione) o di differenziazione (massimizzazione del profitto derivante da indubitabili vantaggi competitivi). Una strategia di base impostata sul basso costo implica spesso la massima semplificazione del prodotto (o del servizio) e comporta il rischio che la concorrenza agguerrita ci segua sulla stessa strada con una linea no-frills, contando magari su una superiore solidità finanziaria. E, allora, cosa fare se è l'unica strada?

Le azioni per ridurre i costi possono essere diverse:

- uso di materie prime a basso costo;

- adozione di nuovi canali di distribuzione;

- contrazione del costo del lavoro (ad esempio: producendo nel Sud-Est asiatico o in Europa dell'Est);

- adozione di ben individuate agevolazioni fiscali e creditizie (anche fuori dal proprio contesto nazionale);

- innovazione continua dei processi produttivi;

- riduzione dei costi fissi.

Nella strategia di differenziazione si compete con l'offerta di prodotti e servizi di qualità superiore (le ricerche dimostrano che, nel lungo termine, questa rappresenta la filosofia commerciale più redditizia). Oltretutto, in un'ottica di questo tipo, si risponderà più velocemente all'emergere di nuove tendenze, fidelizzando sempre più il cliente (che già ci avrà apprezzato e trovato "distinti").

Normalmente, è proprio la qualità dei prodotti (o anche dei servizi di supporto *pre* e *post* vendita) l'opzione che differenzia l'offerta e sostiene i prezzi. In alternativa, si potrebbe scegliere di costruire una forte immagine di marca che faccia percepire al cliente una qualità superiore. Paradossalmente, però, anche la costruzione di un'immagine di marca non può che passare attraverso l'offerta di qualità. Di certo, un'immagine di marca di qualità riesce a ridurre i costi di marketing, frena i concorrenti e concede spazi temporali più ampi per rispondere alle loro eventuali manovre di disturbo.

SEGRETO n. 34: la decisione fondamentale è decidere per una strategia di penetrazione o di massimizzazione del profitto: riduzione dei costi interni (e assoluta semplificazione del prodotto) o differenziazione (in primis, qualità e immagine).

Ma, qualunque sia l'opzione prescelta, l'azione di marketing deve partire con un'attenta analisi delle opportunità di mercato. Poi, deve proseguire con la selezione dei mercati obiettivo più profittevoli per il prodotto ipotizzato e chiudersi nella pianificazione delle strategie di marketing più incisive e appropriate, nonché nell'elaborazione di idonei strumenti di realizzazione e controllo.

Sulla base dell'analisi svolta, il lavoro preliminare consisterà, quindi, in un piano basato sulle arcinote 4 P che guidano l'azione strategica di marketing:

- prodotto;
- prezzo;
- promozione;
- posizionamento.

Il successo di un'idea imprenditoriale si fonda sul grado di attenzione verso questi articolati aspetti della gestione. In prima battuta si procederà, allora:

- a descrivere il prodotto, le dimensioni, la struttura, il comportamento del mercato obiettivo, il previsto posizionamento del prodotto, le prime stime di vendita, quota di mercato e profitti per i tre anni futuri;

- a determinare il prezzo del prodotto, la politica di distribuzione, il budget di marketing.

È solo in un momento successivo che metteremo a punto la vera e propria strategia di espansione all'interno del mercato obiettivo. E, allora, concentriamoci su tutto ciò che abbiamo rilevato fino a ora attraverso l'analisi strategica e diamogli uno sguardo d'insieme. Abbiamo fatto chiarezza sul **mercato**:

- *le dimensioni del mercato*: quanto è grande e come è segmentato;
- *le caratteristiche del mercato*: chi sono i clienti (e coloro che rivestono una particolare importanza per noi), quali i fornitori e quali i prodotti venduti;
- *la situazione del mercato*: se sia maturo, saturo, nuovo;
- *le prestazioni delle aziende*: in rapporto al mercato nel suo insieme e nella loro comparazione;
- *canali di distribuzione*: quali siano e se esistano nuovi concetti direzionali;
- *mezzi di comunicazione:* stampa, internet, televisione, direct mailing ecc.;

- *notizie finanziarie*: se esistano dazi, limitazioni alle importazioni/esportazioni ecc.;
- *dati giuridico-legali*: standard prodotti, brevetti, marchi, copyright e protezione della proprietà intellettuale (software, design ecc.).

... e sui **prodotti**:

- *potenziali clienti*: chi siano e dove siano;
- *la nostra azienda*: se i nostri prodotti sul mercato soddisfino le esigenze dei clienti, se sia necessario uno sviluppo urgente, se siano necessari prodotti del tutto nuovi, quale sarebbe il potenziale di un nuovo prodotto, come è percepita la nostra azienda sul mercato di riferimento;
- *concorrenza*: chi sono i concorrenti, come sono dimensionati in relazione alla nostra azienda, dove si trovino, se siano interessati agli stessi segmenti della nostra azienda, quali prodotti commercializzino, come variano i loro prezzi rispetto alla nostra azienda, quali canali distributivi utilizzino, se hanno introdotto nuovi prodotti o intendano farlo.

E, a questo punto, decidiamo la gamma entro la quale sceglieremo poi le strategie di marketing che intendiamo adottare per ogni singolo elemento delle famose 4 P. E quali potrebbero essere?

Per quanto riguarda il prodotto, esse potrebbero essere le seguenti:

- ampliamento o consolidamento della gamma;
- variazione della qualità, delle prestazioni, delle caratteristiche;
- conformità globale del design o cambiamento nel design;
- ricorso al marchio.

Per quanto riguarda il prezzo, invece:

- variazione o introduzione di diverse condizioni di pagamento;
- politica di penetrazione;
- politica di differenziazione.

Per quanto riguarda la promozione:

- rinnovamento degli strumenti pubblicitari, nella periodicità e nelle modalità.

E, infine, per quanto riguarda il posizionamento:

- variazione nella distribuzione e nella consegna;

- variazione nei servizi;

- cambio canali;

- modifica nella misura dell'integrazione verticale.

SEGRETO n. 35: prima di decidere il coordinato delle azioni di marketing più opportuno, è indispensabile concentrare la nostra attenta considerazione sugli elementi fondamentali che compongono la pianificazione strategica: prodotto, prezzo, promozione, posizionamento.

Entriamo adesso nello specifico. Il primo elemento della strategia di marketing riguarda il **prodotto**. Bisogna subito fare una distinzione rispetto al marchio dei nostri prodotti: in senso stretto, esistono due categorie di prodotti, che sono i prodotti comuni (**commodity**) e quelli speciali (**brand**).

I prodotti comuni (derrate o materie prime) non si distinguono moltissimo fra loro e il consumatore è portato a non avvertire una particolare differenza fra l'uno o l'altro prodotto (latte, verdura, perfino il carburante!).

I prodotti speciali sono, invece, caratterizzati dal cosiddetto *valore aggiunto*, che si riferisce quasi sempre al "marchio". Per la verità, il valore aggiunto (legato a tratti emotivi che perfino il compratore a volte non sa esprimere compiutamente) si associa a fattori che giungono a riguardare un mix di confezione, sostegno commerciale, prezzo e aspetti distributivi.

SEGRETO n. 36: la strategia di marca va decisa innanzitutto sulla base della differenziazione fondamentale fra prodotti *comuni* e *speciali*.

Il concetto è rilevantissimo: quando si parla di prodotti legati al brand, la battaglia commerciale si traduce, in ultima analisi, nella creazione del concetto di marchio e nell'attenta difesa della sua immagine. Un'operazione che si dispiega nel contemporaneo dipanarsi delle seguenti attività, che devono coinvolgere indistintamente ciascuna funzione aziendale:

VALORE DELLA MARCA	
REQUISITI	
1	Eccellenza nel fornire i benefici realmente desiderati dal cliente.
2	Allineamento in tempo reale ai bisogni e alle esigenze del cliente.
3	Percezione del valore da parte dei clienti alla base della strategia dei prezzi.
4	Posizionamento coerente della marca e sguardo costante ai concorrenti.
5	Coordinamento delle attività di marketing per la corretta rappresentazione della marca.
6	Comprensione del significato attribuito alla marca dai consumatori.
7	Monitoraggio e mantenimento del valore della marca.
8	Rendere l'impresa il contenitore di marche di qualità.

Ma su che cosa poggia davvero l'incomparabile valore del marchio? Sicuramente, nell'inimitabilità della sua immagine sul mercato: replicare la complessa operatività messa in campo da un'azienda per diffondere emozioni e sensazioni inafferrabili è davvero improbabile. Il contrario si può affermare per qualunque tipo di altra componente dell'offerta: a volte, un bel prodotto, magari brevettato, può essere imitato e riprodotto con poche banali modifiche e senza particolari sforzi.

Un esempio per tutti: tempo fa, la Boeing acquistò alcuni aerei della concorrente American Airlines e, in quanto cliente, riuscì ad ottenere dettagli tecnici molto approfonditi sul particolarissimo "prodotto" concorrente acquistato. Non possiamo sapere con precisione cosa ne sia stato delle informazioni ottenute. Ci possiamo solo limitare a sospettarlo e a intuirlo. È, comunque, prassi ordinaria quella di andare a pranzo in un ristorante per osservarne le caratteristiche più particolari e compararle con la propria attività di ristorazione, o quella di acquistare un oggetto della concorrenza e sminuzzarlo fino a capirne ogni singolo meccanismo interno. Tutto ciò, in qualche maniera, diventa nel tempo imitazione dei "punti forti" e attacco sui "punti deboli". Anche questa è analisi strategica!

Elementi importanti del prodotto sono il confezionamento e l'etichetta. Talvolta trascurati, sono, invece, veicoli promozionali di una certa forza. Infatti, quando acquistiamo un oggetto, cosa facciamo in genere? Ne osserviamo il contenitore, talvolta con ossessionante attenzione; poi leggiamo l'etichetta. E, senza accorgercene, ci facciamo un'idea sul prodotto prima ancora di apprezzarne il design, di maneggiarlo o di utilizzarlo.

A questo punto del piano devono, quindi, essere comunicate le decisioni circa lo stesso confezionamento: dimensioni, forma, materiale, colore, testo sovrimpresso, caratteristiche del marchio di fabbrica. Da alcune ricerche, risulta che:

- una confezione di grandi dimensioni fa sì che il prodotto sia usato maggiormente (dal 7% al 43%);

- il tipo di colore ha un'importanza notevolissima (il blu richiama modernità e serenità; il rosso attività e vivacità; il giallo debolezza e necessità di cure; le tinte pastello evocano femminilità; le tinte forti mascolinità).

L'etichetta, invece, identifica il prodotto o la marca, classifica il prodotto e lo descrive: chi, dove e come l'ha preparato, cosa contiene, a che serve, come utilizzarlo, norme sulla sicurezza e, in generale, rispetto dei precetti normativi nel particolare settore. Presteremo molta attenzione, allora, a descrivere il tipo e la forma del confezionamento e dell'etichettatura (foto o disegni raramente saranno disprezzati dal potenziale investitore cui il Business Plan fosse destinato.

SEGRETO n. 37: spesso l'affermazione del prodotto è frenata da una scarsa considerazione verso elementi importanti della sua qualificazione: confezione ed etichetta.

Ma il prodotto include anche qualcosa di assolutamente intangibile (in senso stretto): supporto e garanzie. Qui, si potrebbe aprire un discorso a parte; per sintetizzare, potremo dire che progettare il servizio di supporto significa tener conto delle preoccupazioni principali dei clienti:

- affidabilità del prodotto e frequenza dei guasti;
- periodo di inattività;
- costi nascosti di manutenzione e riparazione.

Alle sensibilità suesposte occorrerà fornire una risposta che inciderà sul grado di accettazione del prodotto.

SEGRETO n. 38: presteremo attenzione anche al supporto e alla garanzia, che fanno parte integrante del valore-prodotto, pur presentandosi come intangibili (in senso stretto).

Incidentalmente, è qui il caso di specificare che, naturalmente, il prodotto può essere puramente tangibile, ma può anche essere rappresentato da un servizio o presentarsi come un ibrido (fornitura di beni associata a servizi o viceversa). Ove il prodotto comprenda anche la necessità di un parallelo servizio o consista essenzialmente in un servizio, subentra la necessità di curare l'assetto di altre 3 P:

- personale;
- presentazione fisica;
- processo.

In estrema sintesi, si tratterà di preparare e formare adeguatamente il personale, il suo aspetto e le modalità della presentazione all'esterno, nonché i processi (interni ed esterni) che forniscono qualità al servizio stesso. Ci si confronterà, quindi, costantemente con gli elementi considerati determinanti nella qualificazione del servizio:

- *affidabilità* (competenza e capacità di svolgere il servizio con precisione);

- *disponibilità* (aiutare i clienti con tempestività);

- *fattori empatici* (attenzione e interesse nel rapportarsi al cliente, trasmettendogli fiducia e complicità);

- *elementi tangibili* (attrezzature, materiale informativo, aspetto del personale);

- *aspettative* (superare le attese).

SEGRETO n. 39: la qualità di un servizio è un dato che cumula le valutazioni dei seguenti aspetti: affidabilità, disponibilità, empatia, aspettative e alcuni elementi tangibili quali gli arredi e l'aspetto del personale.

Il secondo elemento della strategia di marketing è il **prezzo**. Quando sviluppiamo un nuovo prodotto oppure introduciamo un prodotto esistente in un nuovo canale distributivo (o in una nuova area geografica), dobbiamo necessariamente determinare un primo prezzo del prodotto.

In primis, dovremo stabilire a quale livello posizionare l'offerta di mercato. Un chiaro obiettivo di prezzo facilita le operazioni che portano alla sua determinazione. In buona sostanza, la strategia di prezzo dipenderà da obiettivi di:

- **sopravvivenza**, nel caso di eccesso di capacità produttiva, forte concorrenza ecc.; in tal caso fisseremo un prezzo sensibilmente moderato;

- **massimizzazione del profitto di breve termine**: faremo una stima della domanda per una serie di prezzi e adotteremo il prezzo che, sulla base della domanda, consente di massimizzare i profitti. Un esempio sul campo è dato da un esperimento di Bennett e Wilkinson, i quali modificavano sistematicamente i prezzi di vendita e confrontavano i risultati. Indulgere in questa procedura secca provoca un allontanamento dagli obiettivi di lungo termine e da un adeguato marketing mix con una probabile forte reazione della concorrenza;

- **massimizzazione della quota di mercato**: vi potremo ricorrere se la domanda è estremamente sensibile al prezzo, se le economie di scala sono in grado di abbattere i costi di distribuzione e produzione e se pensiamo che la strategia comporti lo spiazzamento dei concorrenti;

- **scrematura del mercato in presenza di una qualità leader**: è una strategia adeguata se la domanda è forte, se il prezzo elevato comunica l'immagine di un prodotto di qualità, se l'alto prezzo finisce con lo scoraggiare i concorrenti (perché incapaci di pareggiare la qualità).

SEGRETO n. 40: l'obiettivo determina la strategia di determinazione del prezzo, che obbedisce a esigenze molto diversificate.

Allo scopo di determinare il prezzo di vendita, si dovrà, però, procedere a determinare i costi: *variabili*, che si alimentano secondo l'andamento della produzione (materie prime, imballaggi…); *fissi*, che rimangono costanti a prescindere dal livello della produzione (canoni, spese di riscaldamento, oneri finanziari, stipendi degli impiegati…). Per *costo medio* s'intende il costo unitario a un determinato livello di produzione.

In definitiva, è chiaro che la determinazione del prezzo sarà legata ai costi, ai prezzi dei concorrenti, alla presumibile risposta dei potenziali clienti per i diversi livelli di prezzo, ma anche al margine di profitto fissato. Per cui, se la formula generale è:

$$\text{Costo unitario} = \text{Costi variabili unitari} \times \frac{\text{Costi fissi}}{\text{Unità vendute}}$$

e i nostri dati sono:

- Costi variabili per unità = 15 €

- Costi fissi = 420.000 €

- Vendite preventivate = 70.000

allora:

$$\text{Costo unitario} = 15 \times \frac{420.000}{70.000} = 21 \text{ €}$$

Di conseguenza, se vogliamo fissare il margine di guadagno al 25%, otterremo:

$$\text{Prezzo ricaricato} = \frac{\text{Costo unitario}}{(1 - \text{ricavi attesi sulle vendite})} = \frac{21}{(1-0,25)} = 28 \text{ €}$$

Naturalmente, oltre a questo metodo (cosiddetto "del costo totale"), esistono molte altre tecniche di determinazione del prezzo, tutte legate all'obiettivo che si vuol raggiungere attraverso il livello dei prezzi. Ad esempio:

- *il metodo del profitto obiettivo*, che utilizza la stessa formula, sostituendo al costo unitario il ROI desiderato moltiplicato per il capitale investito;

- *il metodo del valore percepito*, che si basa sulla differenziazione della combinazione prezzo/prodotto: agli acquirenti attenti al prezzo sarà destinato un prodotto semplificato a prezzo moderato; a quelli attenti al valore un prodotto continuamente innovato; ai clienti fedeli una continua attenzione alla relazione (customer intimacy);

- *il metodo del valore attribuito in misura molto moderata nonostante la qualità del prodotto*. La particolarità sta nel fatto che (come fa l'IKEA) vengono del tutto eliminate forme promozionali o offerte speciali.

I prezzi fissati, però, variano anche per canale di distribuzione (al ristorante il vino ha un prezzo anche sensibilmente superiore rispetto a quello che può avere all'enoteca o al supermarket) o in base alle diverse aree o, ancora, al tempo (si pensi alle offerte di voli aerei low cost per i periodi o in giornate connotati da domanda inferiore, oppure alla differenza di tariffe fra alta e bassa stagione in località di villeggiatura).

Nella predisposizione del prezzo finale contano, infine, anche considerazioni di tipo psicologico. Ad esempio, si ritiene che il prezzo debba terminare con una cifra dispari e di poco inferiore alla classe superiore (ad esempio: 197, anziché 198; 201 anziché 202; 203...). Sembra, infatti, che i numeri dispari in posizione finale trasmettano un'idea di contrattazione e di successivo sconto.

Viceversa, se si vuol fare una politica di immagine di qualità e, quindi, di prezzi tendenzialmente sostenuti, sarebbe il caso di fissare prezzi con una cifra finale pari.

SEGRETO n. 41: le tecniche di determinazione del prezzo più adoperate (tenuto conto degli obiettivi che potrebbero portare a rimodularne la misura) sono basate sul costo totale, sul profitto obiettivo, sul valore percepito, sul valore. Vi

rientrano, peraltro, considerazioni vastissime circa il particolare canale di distribuzione e valutazioni a carattere psicometrico.

Un altro elemento importante del marketing mix è costituito dal **posizionamento**, ovvero dalla scelta dei canali distributivi (o canali commerciali) che permettono al prodotto di giungere fisicamente al cliente. Per la verità, sono spesso definiti proprio *canali di marketing*, in quanto sono, in qualche misura, interessati al marketing in senso stretto.

Dobbiamo, infatti, tenere conto che, stabilita la linea commerciale, è il distributore finale che entra a contatto fisico e interagisce con il cliente. Ecco il motivo per il quale si tende spesso a formare delle "alleanze strategiche" piene (di tipo win-win) con il distributore. Ne risulta che il sistema di distribuzione si presenta come una risorsa esterna scarsamente modificabile. Si costruisce in un certo lasso di tempo e, quindi, occorre molta attenzione nella scelta iniziale.

Nel tempo, fra la rete distributiva e il produttore si instaurano, infatti, connessioni e sinergie particolarissime, che consentono, fra l'altro, di entrare in possesso di informazioni sulla forma degli acquisti della clientela, sui flussi temporali, sulle particolari esigenze suppletive richieste e molte altre utili notizie.

Ma la gamma delle opzioni di distribuzione è veramente vasta:

- **commercializzazione in linea diretta**: costituzione di una propria forza di vendita e/o di una propria catena di negozi (oggettivamente preferibile, ove la presenza di personale specializzato sia essenziale per condurre in porto una vendita o la collocazione di un servizio che comportino assistenza *pre* e *post* vendita);

- **organizzazione specializzata indiretta** (grossisti, agenti e rappresentanti, grande distribuzione...);

- accesso diretto al **dettagliante;**

- **franchising**: l'idea di business viene studiata e testata dal franchisor e, successivamente, viene realizzata con l'apporto di autonomi licenziatari (contro il rispetto di particolari standard e il pagamento di un diritto di licenza). In tal caso, la politica generale è stabilita dal proprietario della licenza.

L'opzione consente una rapida espansione geografica senza grossi investimenti e, allo stesso tempo, garantisce un ottimo controllo sulla commercializzazione;

- **multi-level**, struttura basata sulla concessione di incentivi crescenti man mano che il distributore allarga la propria rete di vendita individuale;

- **mailing diretto**: si opta per l'invio di depliant informativi e pubblicità postale (o, magari, di un catalogo) a un certo numero di potenziali clienti, acquisendo gli indirizzi da apposite banche dati in funzione di criteri di segmentazione predefiniti;

- **call center**: lo strumento prevede una postazione telefonica che accetta, cataloga e gira gli ordini in collegamento con una campagna pubblicitaria molto persuasiva;

- **internet**: recente ed esaltante opportunità, che promette ottimi risultati a patto di disporre del giusto know-how e di specifica professionalità nel settore. Ne abbiamo parlato nel primo Giorno sia come strumento promozionale/distributivo, sia quale idea in sé. L'indiscutibile vantaggio esclusivo è quello di poter operare in un mercato senza confini con costi contenuti.

Ma, a questo proposito, è d'obbligo un breve accenno comparativo fra le tradizionali transazioni e quelle via internet. Il sito web offre indubbi vantaggi: facilità d'uso, scorte illimitate, ampia scelta di prodotti, comodità di ordinazione da casa, svariati strumenti di ricerca e confronto dei prodotti.

Da parte loro, i rivenditori "fisici" hanno il vantaggio di maneggiare, far maneggiare e discutere il prodotto sul piano relazionale (oltretutto, molti rivenditori al dettaglio stanno da tempo creando forme di intrattenimento nel punto vendita, si dotano di contenuti e di punti internet finalizzati, o creano alleanze strategiche con aziende operanti sul web).

La prospettiva più realistica appare quella di un ibrido, attrezzato per intrattenere e finalizzare il cliente sul piano fisico, ma abbinando anche un opzionale flusso bidirezionale sul web.

SEGRETO n. 42: cruciale è la scelta del canale distributivo (commercializzazione in linea diretta, organizzazione specializzata indiretta, accesso diretto al dettagliante, franchising, multi-level, mailing diretto, call center, internet),

ove il parametro più rilevante è senz'altro la tipologia del prodotto.

L'elemento principe del processo di marketing è, comunque, sempre la **promozione**, un aspetto che pesa in maniera notevole sulle reali prospettive di vendita di un prodotto. E, a questa materia, dobbiamo allora dedicare molta attenzione.

Vero è che oggi la comunicazione con il cliente si fa interattiva. Le fasi di pre-vendita, vendita, consumo e post-consumo sono pervase da una sorta di costante flusso comunicativo bilaterale. E allora non potremo porci solo la domanda: *come potremo raggiungere e comunicare con i nostri clienti?* Fin dalla predisposizione della campagna promozionale, dovremo chiederci: *in quale maniera i nostri clienti potranno contattarci (ed essere raggiunti dalla nostra comunicazione)?* Fra l'altro, si tratta di quello che il cliente potenziale vuole vedere in chi promuove una vendita: attenzione per il suo parere e forte desiderio di conoscere il suo punto di vista.

In linea di principio, sarà, quindi, necessario predisporre una metodica che sia in grado di far percepire il messaggio al nostro potenziale cliente, ma che (una volta sollecitato il "ricevente"), induca e ci permetta di ricevere l'informazione di ritorno, la risposta al messaggio (il cosiddetto *feedback*).

SEGRETO n. 43: l'elemento dominante del processo di marketing è la promozione, oggi sempre più trasmigrata dal concetto di operazione secca verso un elaborato processo a due voci. Messaggio sì, quindi, ma anche essenziale feedback di ritorno.

Come primo passo, dovremo, allora, preparare il messaggio, ma attenzione: in un qualunque ambito di "audience", è frequente che si verifichino dei disturbi di ricezione. E questo a prescindere dalla qualità del messaggio:

- **attenzione selettiva**: solo il 6-7% degli spot con cui si entra in contatto (visivo-auditivo), provocano una specifica reazione;

- **ricordo selettivo**: si memorizza favorevolmente una minuta frazione dei messaggi. La quantità e lo spessore di quanto viene ritenuto dipende sempre dall'iniziale atteggiamento (positivo o negativo) nei confronti del messaggio e degli argomenti di supporto già in possesso del destinatario. In altri termini, si potrebbe affermare che l'illusione di persuasione non sia altro che auto-persuasione sollecitata;

- **distorsione selettiva**: il messaggio percepito viene costantemente adattato alle nostre aspettative e ai nostri desideri. Ne consegue che il messaggio viene amplificato in alcune porzioni e livellato (persino, annullato) in altre. È il motivo per il quale le principali qualità del comunicatore stanno nella semplicità, nella linearità, nella ripetizione e nella capacità di suscitare interesse.

Nella strutturazione del messaggio promozionale base (da introdurre e commentare in maniera adeguata nel nostro Business Plan), ci baseremo, perciò, su alcuni recenti studi, che hanno consentito di sottolineare alcuni fattori in grado di influenzare l'efficacia di una comunicazione:

- l'effetto della comunicazione è collegato al grado di influenza dell'origine della comunicazione;

- è più facile che il messaggio abbia effetto se è in linea con le opinioni, le convinzioni e gli stati d'animo del ricevente;

- la comunicazione produce effetti solo su elementi periferici e poco rilevanti che caratterizzano il ricevente; non è, quindi, capace di incidere sul suo sistema di credenze e di valori;

- l'efficacia della comunicazione è legata all'opinione del destinatario circa l'esperienza e l'obiettività dell'originatore (o, anche, a volte, del suo "potere").

SEGRETO n. 44: l'effettiva ricezione del messaggio risente sempre di alcuni disturbi (selettivi e distorsivi). Sarà, quindi, necessario tenerne conto e seguire i risultati delle più recenti ricerche.

Ma cosa contiene un messaggio pubblicitario e come viene formulato? Innanzitutto, frazioniamo il quesito e vediamo quali siano i requisiti alla base della sua "eccellenza":

- **Contenuto**: l'appeal del messaggio è alla base dell'efficacia del messaggio. Può essere *razionale* (esprime il vantaggio funzionale del prodotto: qualità, economicità, prestazioni, affidabilità) o *emozionale* (di tipo positivo: enfatizza le sensazioni di benessere dovute al possesso e all'uso del prodotto; negativo: evoca paura e senso di colpa ove si rinunciasse al prodotto e al suo uso. Scegliendo la seconda opzione, le ricerche consigliano un messaggio negativo soft), oppure *morale* (fa leva sul senso etico del destinatario).

- **Struttura**: recenti ricerche suggeriscono di utilizzare argomentazioni in positivo e in negativo riguardo il prodotto (rilascia una sensazione di correttezza morale del messaggio, che viene restituita al prodotto) e una presentazione che catturi subito l'attenzione (quindi, subito un concetto decisivo, perché l'attenzione del destinatario tende a crescere con l'incedere del messaggio), di lasciare il destinatario con un punto di domanda (che a trarre le conclusioni sia il ricevitore!).

- **Formato**: attenzione a titolo, testo, illustrazioni, colori (nei messaggi a stampa), alle voce, al ritmo, al tono e all'articolazione delle parole (nei messaggi radio), all'abbigliamento e alla gestualità (nei messaggi tv).

- **Fonte**: è ormai assodato che, se la fonte è interessante (un volto noto, famoso, credibile, in cui magari venga spontaneo immedesimarsi), il messaggio funziona meglio.

SEGRETO n. 45: se si vuol costruire un messaggio efficace, occorre gestire al meglio i suoi requisiti costitutivi (contenuto, struttura, formato e fonte).

Ricerche approfondite sull'argomento ci hanno consentito di costruire un'utile tabella esplicativa dei pro e dei contro riscontrati nei vari media oggi a disposizione:

PROFILO MEDIA PRINCIPALI		
TIPO DI MEDIA	EFFICACIA	CONTROINDICAZIONI
1 Televisione	Coordinamento di aspetti visivi, sonori e dinamici, attenzione e copertura alte	Costo elevato, concentrazione messaggi, scarsa selettività audience
2 Radio	Costi contenuti, selettività geodemografica, ottima copertura	Limitazione al canale auditivo
3 Quotidiani	Flessibilità, tempestività, buona copertura del mercato locale, consenso, credibilità	Vita brevissima, numero variabile lettori, scarsa qualità delle riproduzioni grafiche
4 Riviste specializzate	Alta selettività geodemografica, credibilità e prestigio, durevole esposizione, quantificazione esatta dei lettori, elevata qualità delle riproduzioni	Difficoltà di acquisto e, spesso, forzato posizionamento
5 Direct mail	Selettività, flessibilità, personalizzazione	Costi mediamente elevati e tendenziale scarsa considerazione per messaggi indesiderati
6 Pubblicità esterna	Flessibilità, bassi costi, scarsa concorrenza	Scarsa selettività
7 Pagine Gialle	Basso costo, elevata copertura locale e alta credibilità	Concorrenza sugli spazi, limiti imposti alla creatività
8 Newsletter	Elevatissima selettività, opportunità interattive, costi bassi, controllo totale	Costi da attenzionare nel caso di grafica o animazioni di complessa preparazione, limiti derivanti dalla privacy
9 Telefono	Elevato numero di utenti, possibilità di personalizzare la progressione dei messaggi	Costi elevati e limiti imposti dalla normativa sulla privacy
10 Brochure	Flessibilità, controllo completo	Costi talvolta elevati
11 Internet	Elevata selettività, interattività, costi mediamente bassi	Novità del mezzo e utenza non sempre attenta e disponibile

La scelta fra i vari media sarà, comunque, frutto della considerazione parallela di quattro variabili:

- abitudini del target cui si mira;

- caratteristiche del prodotto;

- tipo di messaggio;

- comparazione dei costi.

SEGRETO n. 46: la scelta dei media da utilizzare per la promozione del prodotto è legata all'analisi congiunta di quattro variabili: abitudini del target, caratteristiche del prodotto, tipologia del messaggio, comparazione dei costi.

Fra le modalità promozionali più consigliabili, vorremmo qui riferirci anche alla comunicazione efficace del personale di vendita (frutto di idonea formazione e informazione), all'attento uso delle pubbliche relazioni (centrate sui clienti più importanti), all'impulso e all'incentivazione di quello che rappresenta ancora lo strumento cardine di ogni buona promozione di un qualunque prodotto: il passaparola.

Una recente statistica indica chiaramente che un cliente soddisfatto genera una speciale forma di pubblicità (la cui forza persuasiva poggia sul fatto che è generalmente indirizzata a persone o gruppi di persone collegati affettivamente) verso altre

tre persone in media, mentre un cliente insoddisfatto si adopererà inconsciamente per far sì che altre sette persone non acquistino il prodotto.

Ne deriva che la fidelizzazione del cliente dovrà diventare un punto fermo nella nostra azione di marketing globale:

- proponendo ai clienti l'iscrizione a un club esclusivo che consenta di raccogliere punti finalizzati all'elargizione di regali o alla periodica facoltà di usufruire di offerte speciali. Nel contempo, la tessera distribuita permetterà di identificarli e di catalogare i loro dati personali (demografici e, con l'ausilio di appositi questionari, addirittura psicografici) e i loro acquisti (volumi, frequenze, incidenze). Ne scaturirà la possibilità di comprendere i trend, comprendere meglio le preferenze dei consumatori, individuare i migliori clienti e di formulare offerte irrinunciabili (perché estremamente mirate!);

- favorendo la formazione di una comunità interdialogante di clienti (magari sostenuta e coordinata da un esperto in pubbliche relazioni);

- studiando concorsi a premi e, in genere, iniziative premianti legate alla qualità e alla quantità degli acquisti o, anche, alla presentazione di nuovi clienti;

Esistono, infine, due potentissime modalità promozionali d'ordine generale, rappresentate dall'affiancamento alla vendita principale di bonus (a volte, autonomamente in grado di indirizzare alla vendita) e la distribuzione di campioni gratuiti (per prodotti di largo e frequente consumo) o la concessione in uso gratuito per un limitato periodo di tempo di strumentazioni e attrezzature (modalità che innesca spinte al voler ricambiare e un senso di provvisorio possesso che l'uso soddisfatto invoglia a rendere definitivo).

SEGRETO n. 47: le modalità promozionali più "persuasive" sono tutte legate alla fidelizzazione del cliente: comunicazione del personale di vendita, pubbliche relazioni, passa parola, club e comunità, bonus e campioni.

Per concludere il nostro discorso sulle opzioni strategiche fondamentali, possiamo ora guardarci indietro e comprendere quanto le argomentazioni e i concetti trattati ci abbiano già fornito metodologie in grado di illustrare (e realizzare) una buona strategia di marketing di largo respiro.

Il completamento dell'analisi proiettiva sta nel delineare obiettivi scadenzati di breve periodo, che diano il segno della nostra contemporanea attenzione alla gestione tattica di avvicinamento agli obiettivi di lungo/medio periodo con una variegata operatività di breve. Si utilizzerà uno schema intuitivo di questo tipo:

ELENCO MILESTONE								
	RESPONSABILE	UFFICIO	DATA ASSEGNAZIONE	SCADENZA FISSATA	BUDGET	SCADENZA REALE	BUDGET REALE	SCOSTAMENTO
Agg.to sistema informativo vendite								
Pubblicità via internet								
Pubblicità riviste settore								
Seminario (tema...)								
Fiera di Milano								
Revisione sito								
Selezione personale								
Lancio prodotto A								
Prototipo prodotto B								
...								
...								

SEGRETO n. 48: l'elenco di Milestone ha il compito di dettagliare contenuti, responsabili, scadenze e budget di competenza delle particolari attività a breve (già avviate o da avviare).

L'esposizione andrà completata con l'enunciazione dei dati di stima già abbozzati in fase di analisi: prodotto per prodotto, andranno quantificate le vendite preventivate (o le "collocazioni", se si tratta di un servizio) e i costi previsti per l'anno in corso, nonché le proiezioni lungo tre annualità (il primo anno, distinguendo mese per mese). Operazione che espleteremo nel prossimo Giorno.

RIEPILOGO DEL GIORNO 4:

- SEGRETO n. 30: la pianificazione strategica è un modo strutturato per identificare una gamma di scelte coordinate finalizzate al raggiungimento degli obiettivi.

- SEGRETO n. 31: il processo di creazione e distribuzione del valore procede dalla scelta del valore alla sua comunicazione, passando per la fornitura del valore al mercato.

- SEGRETO n. 32: la creazione del valore per il cliente si basa sui benefici apprezzati (economico, psicologico e percepito), sottratti i costi sostenuti.

- SEGRETO n. 33: il vantaggio competitivo sta essenzialmente nel fornire benefici unici (fondati su competenze distintive) e/o costi percepiti sensibilmente inferiori.

- SEGRETO n. 34: la decisione fondamentale è decidere per una strategia di penetrazione o di massimizzazione del profitto: riduzione dei costi interni (e assoluta semplificazione del prodotto) o differenziazione (in primis, qualità e immagine).

- SEGRETO n. 35: prima di decidere il coordinato delle azioni di marketing più opportuno, è indispensabile concentrare la nostra attenta considerazione sugli elementi fondamentali che compongono la pianificazione strategica: prodotto, prezzo, promozione, posizionamento.

- SEGRETO n. 36: la strategia di marca va decisa innanzitutto sulla base della differenziazione fondamentale fra prodotti *comuni* e *speciali*.

- SEGRETO n. 37: spesso l'affermazione del prodotto è frenata da una scarsa considerazione verso elementi importanti della sua qualificazione: confezione ed etichetta.

- SEGRETO n. 38: presteremo attenzione anche al supporto e alla garanzia, che fanno parte integrante del valore-prodotto, pur presentandosi come intangibili (in senso stretto).

- SEGRETO n. 39: la qualità di un servizio è un dato che cumula le valutazioni dei seguenti aspetti: affidabilità, disponibilità, empatia, aspettative e alcuni elementi tangibili quali gli arredi e l'aspetto del personale.

- SEGRETO n. 40: l'obiettivo determina la strategia di determinazione del prezzo, che obbedisce a esigenze molto diversificate.

- SEGRETO n. 41: le tecniche di determinazione del prezzo più adoperate (tenuto conto degli obiettivi che potrebbero portare a rimodularne la misura) sono basate sul costo totale, sul profitto obiettivo, sul valore percepito, sul valore. Vi rientrano, peraltro, considerazioni vastissime circa il particolare canale di distribuzione e valutazioni a carattere psicometrico.

- SEGRETO n. 42: cruciale è la scelta del canale distributivo (commercializzazione in linea diretta, organizzazione specializzata indiretta, accesso diretto al dettagliante, franchising, multi-level, mailing diretto, call center, internet), ove il parametro più rilevante è senz'altro la tipologia del prodotto.

- SEGRETO n. 43: l'elemento dominante del processo di marketing è la promozione, oggi sempre più trasmigrata dal concetto di operazione secca verso un elaborato processo a due voci. Messaggio sì, quindi, ma anche essenziale feedback di ritorno.

- SEGRETO n. 44: l'effettiva ricezione del messaggio risente sempre di alcuni disturbi (selettivi e distorsivi). Sarà, quindi, necessario tenerne conto e seguire i risultati delle più recenti ricerche.

- SEGRETO n. 45: se si vuol costruire un messaggio efficace, occorre gestire al meglio i suoi requisiti costitutivi (contenuto, struttura, formato e fonte).

- SEGRETO n. 46: la scelta dei media da utilizzare per la promozione del prodotto è legata all'analisi congiunta di quattro variabili: abitudini del target, caratteristiche del prodotto, tipologia del messaggio, comparazione dei costi.

- SEGRETO n. 47: le modalità promozionali più "persuasive" sono tutte legate alla fidelizzazione del cliente: comunicazione del personale di vendita, pubbliche relazioni, passa parola, club e comunità, bonus e campioni.

- SEGRETO n. 48: l'elenco di Milestone ha il compito di dettagliare contenuti, responsabili, scadenze e budget di competenza delle particolari attività a breve (già avviate o da avviare).

GIORNO 5:

Come dare sostanza finanziaria al Business Plan

Ed eccoci alle "quantità". Dopo una disamina quasi esclusivamente logico-discorsiva, snoccioleremo anche qualche cifra e daremo concretezza alle nutrite premesse.

Finora, avevamo comunicato, dissertato ed enunciato. Ora scenderemo nel merito a esplicitare concetti di stretta rilevanza economico-finanziaria. Tutte le stime e le valutazioni emerse dalle operazioni di analisi e approntamento della strategia verranno coerentemente riversate in alcuni prospetti commentati: il preventivo di stato patrimoniale e conto economico (riclassificati in forma economico-finanziaria), nonché alcuni altri prospetti di approfondimento circa il controllo della liquidità, il break even point, l'analisi del fatturato e dei costi.

Nel corso dell'analisi:

- ometteremo di fare distinzioni fra aziende attive o start up (di conseguenza, i processi logico-proiettivi basati su consuntivi, serie storiche e trend statistici attesi resteranno fuori dai nostri discorsi);

- immagineremo di fornire previsioni impiantate sulle sole valutazioni e sul carattere delle ricerche indicate nella parte iniziale dell'ebook;

- utilizzeremo dati di puro valore esemplificativo.

Partiremo con un preambolo: la breve dimostrazione della maniera in cui le dinamiche accennate (andamento economico generale e di settore, azione dei competitors...) hanno influito sulle proiezioni che presenteremo.

SEGRETO n. 49: innanzitutto, occorrerà riepilogare brevemente i dati emersi in sede di analisi e approntamento della strategia di marketing, dimostrandone la rispondenza a criteri di stretta prevedibilità.

Inizieremo con un'analisi dello **stato patrimoniale**, rielaborato in senso economico-finanziario e strutturato nella previsione dei tre anni successivi su base annuale:

STATO PATRIMONIALE DI PREVISIONE ECONONOMICO-FINANZIARIA

	1° ANNO	INCIDENZA	2° ANNO	INCIDENZA	3° ANNO	INCIDENZA
ATTIVO IMMOBILIZZATO	1.406.460	72,23%	2.198.272	81,17%	2.916.946	78,75%
Immobilizzazioni immateriali	33.660	1,73%	49.068	1,81%	151.995	4,10%
Immobilizzazioni materiali	1.272.000	65,33%	1.751.850	64,69%	2.310.487	62,38%
Immobilizzazioni finanziarie	100.800	5,18%	397.354	14,67%	454.464	12,27%
ATTIVO CIRCOLANTE LORDO	540.685	27,77%	509.821	18,83%	787.002	21,25%
Disponibilità il liquide	10.606	0,54%	18.140	0,67%	33.000	0,89%
Disponibilità differite	520.304	26,72%	486.401	17,96%	750.187	20,25%
Liquidità immediate	9.775	0,50%	5.280	0,19%	3.815	0,10%
TOTALE CAPITALE INVESTITO	1.947.145	100,00%	2.708.093	100,00%	3.703.948	100,00%
FONTI						
Patrimonio netto	950.898	33,66%	961.231	36,00%	1.729.464	45,09%
di cui Capitale Sociale	684.000	24,22%	684.000	25,62%	998.568	26,03%
Passività consolidate	749.231	26,53%	1.013.120	37,94%	1.090.512	28,43%
Passività correnti	440.469	15,59%	695.803	26,06%	1.015.820	26,48%
TOTALE CAPITALE ACQUISITO	2.824.598	100,00%	2.670.154	100,00%	3.835.796	100,00%
ULTERIORI VALORI SIGNIFICATIVI						
Capitale permanente	1.700.129	60,19%	1.974.351	73,94%	2.819.976	73,52%
Capitale di terzi	1.189.700	42,12%	1.708.923	64,00%	2.106.332	54,91%

le cui corrispondenze con lo stato patrimoniale di tipo civilistico risultano le seguenti:

- le immobilizzazioni materiali comprendono terreni, fabbricati, impianti e macchinari, attrezzature industriali e quant'altro;

- quelle immateriali riguardano i costi di impianto, di ricerca e sviluppo, di pubblicità, ma anche i diritti di brevetto industriale, le concessione di licenze e marchi, l'avviamento e similia;

- le immobilizzazioni finanziarie coinvolgono nel calcolo i crediti (verso altri, verso clienti e verso controllanti) entro i dodici mesi;

- le disponibilità illiquide corrispondono alle rimanenze, mentre quelle differite sono riferite a crediti (verso altri, verso clienti e verso controllanti) oltre i dodici mesi, altri titoli, ratei attivi (proventi relativi all'esercizio e esigibili in esercizi successivi) e risconti attivi (costi sostenuti nell'esercizio, ma di competenza di esercizi successivi);

- le passività consolidate sono composte dal Fondo rischi ed oneri, dal trattamento di fine rapporto e dai debiti oltre i dodici mesi;

- le passività correnti sono individuabili nell'utile da distribuire, nel fondo rischi e oneri, nel trattamento di fine rapporto e nei debiti entro i dodici mesi, oltre ai ratei passivi (costi di competenza dell'esercizio esigibili in esercizi successivi) e ai risconti passivi (proventi percepiti nell'esercizio ma di competenza di esercizi successivi).

È, in definitiva, evidente come si transiti dalla classificazione contabile standard (legata a criteri di *destinazione*) verso criteri economico-finanziari di *realizzabilità* (che mira a distinguere gli elementi destinati a trasformarsi in forma liquida *entro*, oppure *oltre* la durata annuale).

Anche la configurazione del **conto economico** andrà ricondotta a canoni compatibili con i nostri scopi; si applicherà, quindi, una rielaborazione secondo lo schema della *produzione effettuata e del valore aggiunto*, classificando i costi secondo la loro natura e differenziandoli fra costi esterni e interni:

CONTO ECONOMICO PREVISIONALE (ANALISI REDDITUALE)								
	GEN	...	DIC	1° ANNO	INCIDENZA	2° ANNO	INCIDENZA	3° ANNO	INCIDENZA
VALORE DELLA PRODUZIONE	40.002	...	40.002	480.022	100,00%	780.944	100,00%	1.290.027	100,00%
Costi per materie	13.167	...	13.167	158.000	32,92%	135.897	17,40%	245.000	18,99%
Costi per servizi	833	...	833	10.000	2,08%	215.698	27,62%	248.000	19,22%
Costi per godimento beni di terzi	20	...	20	235	0,05%	526	0,07%	2.568	0,20%
Variazione rimanenze materie prime	165	...	165	1.980	0,41%	2.568	0,33%	-5.215	-0,40%
Oneri diversi di gestione	1.050	...	1.050	12.598	2,62%	15.879	2,03%	17.846	1,38%
TOTALE COSTI ESTERNI	15.234	...	15.234	182.813	38,08%	370.568	47,45%	508.199	39,39%
VALORE AGGIUNTO	24.767	...	24.767	297.209	61,92%	410.376	52,55%	781.828	60,61%
Costi del personale	7.918	...	7.918	95.010	19,79%	101.195	12,96%	124.980	9,69%
MARGINE OPERATIVO LORDO	16.850	...	16.850	202.199	42,12%	309.181	39,59%	656.848	50,92%
a) ammortamenti e svalutazioni	4.630	...	4.630	55.560	11,57%	62.307	7,98%	77.228	5,99%
b) accantonamenti	1.047	...	1.047	12.561	2,62%	47.137	6,04%	27.322	2,12%
TOTALE (a + b)	5.677	...	5.677	68.121	14,19%	109.444	14,01%	104.550	8,10%
REDDITO OPERATIVO	11.173	...	11.173	134.078	27,93%	199.737	25,58%	552.298	42,81%
Risultato area finanziaria (proventi e oneri)	-70	...	-70	-843	-0,18%	37.199	4,76%	50.096	3,88%
Risultato area straordinaria	113	...	113	1.360	0,28%	15.599	2,00%	-8.737	-0,68%
Risultato area atipica	0	...	0		0,00%		0,00%		0,00%
TOTALE AREE NON OPERATIVE	43	...	43	517	0,11%	52.798	6,76%	41.359	3,21%
REDDITO ANTE IMPOSTE	11.216	...	11.216	134.595	28,04%	252.535	32,34%	593.657	46,02%
Imposte	-1.132	...	-1.132	-13.580	-2,83%	-28.596	-3,66%	-15.264	-1,18%
RISULTATO D'ESERCIZIO	10.085	...	10.085	121.015	25,21%	223.939	28,68%	578.393	44,84%

dove le corrispondenze con il conto economico civilistico si possono così dettagliare:

- nel valore della produzione confluiscono i ricavi delle vendite e delle prestazioni, le variazioni delle rimanenze (prodotti in corso di lavorazione, semilavorati e finiti) e i lavori in corso su ordinazione, gli incrementi di immobilizzazioni per lavori interni e altri ricavi e proventi;

- i costi esterni di gestione si riferiscono ad acquisti di materie prime, sussidiarie e merci, servizi, godimento beni di terzi, variazione delle rimanenze (di materie prime, sussidiarie e merci), oneri diversi di gestione;

- il risultato dell'area finanziaria comprende i proventi e gli oneri finanziari, mentre quello dell'area straordinaria si riferisce, invece, a rettifiche di valore di attività finanziarie e a proventi e oneri straordinari.

Per il primo anno, sarà opportuno adoperare una previsione con periodicità mensile, mentre, per i due anni successivi converrà condensarla per annualità.

SEGRETO n. 50: in un'analisi di tipo economico-finanziario, lo stato patrimoniale non potrà che essere riclassificato secondo criteri di realizzabilità e il conto economico disposto contrapponendo al valore della produzione i costi ordinati secondo natura e distinzione strutturale (esterni e interni).

La previsione dei livelli di liquidità, invece, sarà impostata con il criterio della cadenza mensile per il primo anno, trimestrale, per il secondo, annuale per il terzo. Una tabella di questo tipo andrà benissimo:

PIANO DI ANALISI DELLA LIQUIDITÀ

	MESE DI GENNAIO			...			ANNO DI RIFERIMENTO		
	PREVISIONE	DATI REALI	SCOSTAMENTO	PREVISIONE	DATI REALI	SCOSTAMENTO	PREVISIONE	DATI REALI	SCOSTAMENTO
Incassi effettivi da fatturato	129.167	138.000	6,84%	...	...	...	1.550.000	1.550.667	0,04%
Altri incassi	9.167	12.000	30,91%	...	...	...	110.000	112.567	2,33%
TOTALE ENTRATE	138.333	150.000	8,43%	...	...	...	1.660.000	1.663.233	0,19%
Costi fissi	70.833	85.000	20,00%	...	...	...	850.000	871.333	2,51%
Costi variabili	80.833	71.000	-12,16%	...	...	...	970.000	966.333	-0,38%
TOTALE SPESE	151.667	156.000	2,86%	...	...	...	1.820.000	1.837.667	0,97%
AVANZO O DISAVANZO	-13.333	-6.000	-55,00%	...	...	...	-160.000	-174.433	9,02%
Fido utilizzabile	41.667	41.667	0,00%	...	...	...	41.667	41.667	0,00%
Pregresso cumulato				...	...	...	-160.000	-174.433	9,02%
DISPONIBILITÀ ATTUALE	28.334	35.667	25,88%	...	...	...	-118.833	-132.766	12,20%
FABBISOGNO				...	...	...	-118.833	-132.766	12,20%
DATI DA MONITORARE				...	...	...			
Crediti non ancora riscossi (+)	150.000	95.000	-36,67%	...	...	...	150.000	150.000	0,00%
Debiti non ancora saldati (-)	-70.000	-56.000	-20,00%	...	...	...	-70.000	-70.000	0,00%
Conguaglio C/D	80.000	39.000	-51,25%	...	...	...	80.000	80.000	0,00%

Monitorare da vicino i livelli di liquidità permette di evitare l'insolvenza, che, cronicizzata, può determinare pesanti ripercussioni sulla credibilità e sulla stessa tenuta economica dell'impresa. Il concetto è quello di commisurare tutte le entrate e tutte le uscite (in questo senso, l'emissione di una fattura non equivale alla riscossione. Ciò che conta è il momento effettivo del pagamento).

È quindi ovvio che pianificare la liquidità significa osservare e registrare solo i fondi liquidi e nessun'altra voce. Nelle fasi in cui inizia a determinarsi una crisi di liquidità, occorrerà naturalmente apportare capitali aggiuntivi, ma la difficoltà di stima cresce all'ampliarsi del periodo previsionale. È il motivo per cui, per il primo anno, la liquidità dovrebbe essere programmata mese per mese.

SEGRETO n. 51: il piano di analisi della liquidità serve a controllare il saldo "entrate e uscite" e si riferisce al puro movimento finanziario di riscossione o esborso monetario; la difficile proiezione in avanti della stima induce a impostare un piano con cadenza mensile per il solo primo anno, consci della validità provvisoria delle stime relative agli anni successivi.

Il nostro Business Plan dovrà comprendere anche un'analisi del break event point, che ha lo scopo di determinare il fatturato mensile necessario a coprire i costi fissi e quelli di produzione e determinare il punto di pareggio.

SEGRETO n. 52: l'analisi del break event point pianifica il fatturato mensile necessario a coprire i costi e le vendite necessarie per ottenere il punto di pareggio.

Una conformazione riassuntiva è qui riprodotta in un'esemplificazione pratica:

BREAK EVEN POINT ANALISYS	
Numero di mesi	**12**
Vendite preventivate	**1.600.000**
SPESE VARIABILI	
MANODOPERA	70.000
MATERIALI	600.000
ALTRO	55.000
TOTALE SPESE VARIABILI	**725.000**
MARGINE DI CONTRIBUZIONE	**875.000**
MARGINE DI CONTRIBUZIONE UNITARIO	**0,55**
SPESE FISSE	
STIPENDI E SALARI	500.000
AFFITTI E NOLEGGI	30.000
INFRASTRUTTURE	30.000
MANUTENZIONE	20.000
ASSICURAZIONI	3.000
VIAGGI	1.500
TELEFONIA/INTERNET	2.500
PUBBLICITÀ E MARKETING	3.000
CONSULENZE	2.000
AGGIORNAMENTO E FORMAZIONE	4.500
ALTRO	1.000
TOTALE SPESE FISSE	**597.500**
VENDITE NECESSARIE PER OTTENERE IL PUNTO DI PAREGGIO	**1.092.571**
CONSEGUENTI VENDITE MENSILI NECESSARIE	**91.048**
MARGINE DI CONTRIBUZIONE AGGIUNTIVO PREVISTO	**127.500**

Dopo esserci fatti un'idea dei fattori (qualitativi e quantitativi) essenziali ai fini dell'elaborazione di un progetto d'impresa, sarà intelligente riconsiderare in maniera sistematica le previsioni e gli obiettivi che si siamo prefissati, interrogandoci ancora sulla reale fattibilità del piano. Come abbiamo già iniziato a vedere, in questa parte conclusiva dovremo attribuire al progetto le cifre che ne dimostrino la sostenibilità: quantità (ma anche qualità: pensiamo all'importanza dello staff di management) di mezzi necessari all'impresa e quanto potrà gravare sul suo bilancio la loro acquisizione.

Dettagliati piani suppletivi ci aiuteranno a completare la sezione "finanziaria" del nostro Business Plan. In una prima tavola, presenteremo il piano di proiezione del fabbisogno finanziario che utilizzeremo allo scopo di pianificare l'ammontare del capitale necessario e per quali necessità:

PIANO DI PROIEZIONE DEL FABBISOGNO FINANZIARIO	
A) INVESTIMENTO	
Terreni e fabbricati (compresa progettazione, imposte, rilevamenti, notaio...)	700.000
Macchinari, apparecchiature e impiantistica interna (compresa installazione e attivazione)	450.000
Mobili e arredi	100.000
Automezzi	150.000
Altro	55.000
TOTALE FABBISOGNO D'INVESTIMENTO	1.455.000
B) MEZZI AZIENDALI	
Merci: acquisto e deposito	150.000
Materiali: acquisto e deposito	35.000
TOTALE FABBISOGNO MEZZI AZIENDALI	185.000
C) SPESE DI COSTITUZIONE	
Consulenze, autorizzazioni, concessioni, registrazioni, iscrizioni	30.000
Ricerca, sviluppo e pubblicità	25.000
Spese legali e notarili	20.000
TOTALE SPESE DI COSTITUZIONE	75.000
D) COSTI AZIENDALI D'AVVIO (su base previsionale annua)	
Spese personale	200.000
Spese locali (affitti...) e accessorie (pulizia...)	150.000
Spese energia (elettricità, acqua, riscaldamento)	35.000
Spese postali/Internet/telefono	20.000
Prestiti e rate leasing	100.000
TOTALE COSTI AZIENDALI IN AVVIAMENTO	505.000
E) SPESE DI SOSTENTAMENTO IN AVVIO	
Spese correnti	35.000
Altro	15.000
TOTALE SPESE PRIVATE DI SOSTENTAMENTO	50.000
FABBISOGNO TOTALE	
A) FABBISOGNO D'INVESTIMENTO	1.455.000
B) FABBISOGNO MEZZI AZIENDALI	185.000
C) FABBISOGNO SPESE DI COSTITUZIONE	75.000
D) COSTI AZIENDALI D'AVVIO	505.000
E) SPESE DI SOSTENTAMENTO IN AVVIO	50.000
TOTALE COMPLESSIVO	2.270.000

(Fonte: con modifiche da www.tis.bz.it)

Il piano ci consentirà di rilevare e quantificare quale sia il livello di fabbisogno finanziario necessario a innescare e far progredire il progetto e a preservare l'equilibrio finanziario dell'impresa.

In quest'altra tabella, misurati gli investimenti occorrenti, calcoleremo la quota eccedente le nostre potenzialità finanziarie.

PIANO INVESTIMENTI E FINANZIAMENTO			
INVESTIMENTI NECESSARI	1° ANNO	2° ANNO	3° ANNO
Terreni	200.000	230.000	264.500
Fabbricati e deposito merci	500.000	575.000	661.250
Macchinari, apparecchiature e impiantistica	450.000	517.500	595.125
Mobili e arredi	100.000	115.000	132.250
Automezzi	150.000	172.500	198.375
Debiti verso clienti	55.000	63.250	72.738
Altri investimenti	20.000	23.000	26.450
TOTALE INVESTIMENTO	1.475.000	1.696.250	1.950.688
FINANZIAMENTO			
Capitale proprio	350.000	402.500	462.875
Partecipazione soci	200.000	230.000	264.500
Prestiti di parenti e conoscenti	95.000	109.250	125.638
Finanziamenti pubblici	300.000	345.000	396.750
TOTALE SUB1	945.000	1.086.750	1.249.763
Mutui	300.000	345.000	396.750
Leasing	85.000	97.750	112.413
Fido di conto	20.000	23.000	26.450
Crediti concessi da fornitori	40.000	46.000	52.900
TOTALE SUB2	445.000	511.750	588.513
FINANZIAMENTI DA OTTENERE	85.000	97.750	112.413
FINANZIAMENTO TOTALE	1.475.000	1.696.250	1.950.688

(Fonte: con modifiche da www.tis.bz.it)

SEGRETO n. 53: sono indispensabili il piano di proiezione del

fabbisogno finanziario e il piano investimenti e finanziamento, che consentono di fare il punto circa le nostre esigenze di tipo finanziario.

Una volta chiarito il quadro previsionale, un Business Plan ottimale prevede anche che si dimostri di avere la capacità di realizzare il progetto imprenditoriale: una sorta di assicurazione logica indispensabile per un eventuale finanziatore, ma anche un'operazione di tranquillizzazione di tutti gli stakeholder e un'azione di tutela della nostra stessa serenità e convinzione.

«Sappiamo come controllare che tutto vada come previsto e come conseguire gli obiettivi che ci siamo posti!» Ecco il concetto! Costruiremo, allora, sistemi efficaci di monitoraggio e controllo dell'attività, che ci permetteranno di reagire tempestivamente a eventuali segnali di difficoltà, ma anche di cogliere speciali opportunità.

Per quanto riguarda i prospetti generali via via illustrati, si tratterà semplicemente di sovrapporre progressivamente al dato previsionale anche quello reale. Aiutati da un buon foglio di calcolo potremo, quindi, verificare quanto "valgano" gli scostamenti sul piano assoluto e percentuale, ma anche come si proiettano sul dato di fine esercizio. Così, per ogni frazione di periodo, anziché il solo dato stimato, occorrerà riscontrare questi

PREVISIONE	DATI REALI	SCOSTAMENTO	%

ulteriori valori e inserirli seguendo questo tipo di intestazione:

SEGRETO n. 54: il sistema di base per il controllo finanziario si fonda sull'affiancamento progressivo del dato reale a quello stimato, andando periodicamente a valutare l'incidenza degli eventuali scostamenti sul dato di fine anno.

Siamo così entrati nell'ambito del **controlling system**. Lo adopereremo per dimostrare a eventuali finanziatori di poter garantire il raggiungimento degli obiettivi con un sapiente controllo dei processi finanziari, ma anche allo scopo di poter modulare la nostra attività in un continuum di processi (invariabilmente ad onda) verso quegli obiettivi.

Così, circostanze aziendali o ambientali inattese non ci coglieranno di sorpresa. Perché *ambientali*? Be', perché anche l'analisi di base circa le variabili ambientali incontrollabili dovrà diventare un'osservazione dinamica e permanente (per esaminare, abbiamo già i nostri schemi). Ma qual è il sistema di controllo più appropriato e specifico, capace di darci segnali efficienti di criticità nei campi in cui ci necessita? Sonderemo, allora:

- cosa sia opportuno rilevare (ordini, fatturato, produttività...) e quali siano i parametri necessari a focalizzare gli obiettivi del controllo;

- quali dati vadano selezionati (all'interno del particolare aspetto monitorato) e a chi vadano indirizzati;

- quando e con quale cadenza vada effettuata la rilevazione;

- come e chi si occuperà della materiale rilevazione dei dati.

SEGRETO n. 55: un buon sistema di controllo nasce dalla preparazione e dalla risposta a un questionario teso a conferirgli la specificità richiesta dalla nostra particolare attività. Peraltro, esistono dei particolari aspetti che andranno sempre indagati: strategia, ordini e domanda, risorse, rischi, funzioni aziendali, Milestone, analisi finanziaria.

È comunque indispensabile che il controlling system (che

dovremo descrivere con precisione nel nostro Business Plan) svisceri dati e notizie interessanti in alcune aree elettive. Vediamo quali sono…

1. Strategia

Raccoglieremo periodiche e scadenzate informazioni aggiornate circa il mercato e la concorrenza e verificheremo che la pianificazione strategica sia compatibile con le variazioni man mano intervenute: preserveremo, così, una costante tensione competitiva all'interno della nostra azienda. Napoleone Bonaparte diceva: «Nessuna guerra è mai stata vinta sui campi di battaglia. Tutte le guerre sono state vinte molto prima da un'attenta analisi e un'accorta programmazione».

E, allora, in particolare, continuiamo a raccogliere dati sui nostri "nemici", rilevando e archiviando costantemente e ordinatamente: dimensione delle imprese concorrenti e numero dei dipendenti, quota di mercato, localizzazione punti vendita, strategia dei prezzi, sistema organizzativo e di distribuzione, volume e genere della comunicazione e della pubblicità, descrizione dei prodotti (o dei servizi), listini e depliant…

SEGRETO n. 56: l'analisi strategica va continuamente aggiornata con le variazioni intervenute sul mercato o nell'ambiente competitivo in senso stretto.

2. Ordini e distribuzione della domanda

Rileveremo sistematicamente le ordinazioni e ne valuteremo attentamente l'andamento. Porremo attenzione all'eventuale variazione della domanda al fine di percepire tempestivamente segnali o cambi di direzione provenienti dal mercato. Manterremo, così, la fondamentale concentrazione sul cliente.

Ordinariamente, il controllo sulla distribuzione della domanda ci farà individuare i prodotti più richiesti e quelli meno richiesti, permettendoci, ove serva, di rimodulare l'assortimento dell'offerta.

Una nota analisi dell'assortimento è la cosiddetta *Analisi ABC*, che consente di ordinare i prodotti in una graduatoria per acquisti decrescenti: A partire dall'incidenza rispettiva sui livelli di fatturato e di costo globale, consentirà di indirizzare le più opportune scelte operative e, magari, di suggerire eventuali aggiornamenti di "catalogo". Proponiamo un esempio:

ANALISI FATTURATO PER PRODOTTO						
ARTICOLI/SERVIZI	PIANO ANNO X	CLASS.	PIANO I TRIM.	EFFETT. I TRIM.	VARIAZ. ASSOLUTA	VARIAZ. %	RISCHIO ANNO X
A	4.000	1	1.000	850	-150	-15	LIEVE
B	2.500	3	625	970	345	55	NO
C	2.900	2	725	450	-275	-38	MOLTO
TOTALE	9.400		2.350	2.270	-80	-3	LIEVE

(Fonte: con modifiche da www.tis.bz.it)

Andando a valutare la simulazione, si concorderà che una differenza totale pari a -3% (rispetto alla stima per il primo trimestre) potrebbe ancora non presentare elementi di preoccupazione. Lo studio delle imputazioni, invece, mostra che la discrepanza appare quasi interamente attribuibile al prodotto C (che, a questo punto, potrebbe perfino essere estromesso dal "catalogo" in maniera assolutamente indolore). Ove, invece, avesse riguardato il prodotto cardine (A), sarebbe stata necessaria una rivalutazione più approfondita della situazione, passando a differenziare per ulteriori criteri (zona di vendita, gruppi di clienti, collaboratori esterni…) al fine di identificare adeguatamente la causa del calo.

L'indagine dovrà consentirci di graduare anche la diversificazione della clientela e di accertare come sia strutturata, nonché il peso dei principali clienti sul volume globale del fatturato. Una volta individuate le fasce di clientela più interessanti, quelle particolari tipologie dovranno diventare un interesse da tutelare. Come insegna la famosa Legge 80/20 di Pareto, in qualunque ambito, l'80% dei risultati derivano dal 20% dell'impegno. La conseguenza più diretta del ragionamento è che acquisire indiscriminatamente nuovi clienti non rappresenta sempre una scelta intelligente e produttiva se, nel farlo, accogliamo anche problematiche e gestioni difficili.

SEGRETO n. 57: altro aspetto da monitorare costantemente è quello relativo all'andamento della domanda: segnali tempestivi ci potrebbero consentire aggiustamenti rapidi e anticipazioni di tendenze ancora prima che diventino fonte di problemi.

3. Risorse

Monitoreremo attentamente le risorse di lavoro, i processi e gli impianti, così da sfruttare al meglio la capacità produttiva e arginare l'espandersi incontrollato di costi e disfunzioni. I principali problemi che potrebbero riguardarci sono riferibili:

- all'incerta predisposizione della gerarchia interna (con conseguenti contrasti e generale disorganizzazione);

- alla farraginosità delle procedure (che genera tempi lunghi, immotivate duplicazioni, attese e lassismo);

- all'inadeguato studio dei carichi di lavoro (che porta a errori e insoddisfazioni a largo raggio);

- all'assenza di un sistema di gestione centrato su costi, risultati e un'oggettiva regolamentazione sanzionatoria e premiale.

SEGRETO n. 58: nell'impossibilità di ottimizzare definitivamente risorse di lavoro, procedure e impianti, tali aspetti andranno continuamente monitorati e sottoposti ad accurata e periodica revisione.

4. Rischi

Registreremo ordinatamente gli oneri presunti (prestazione di garanzie, controversie giuridiche, penalità contrattuali, infortuni, rischi di cambio e incognite legate alla congiuntura economica e politica...). Una volta qualificati e misurati i rischi, l'attività relativa al loro "regolamento" può essere affrontata con una maggiore positività e senza gli imbarazzi dovuti all'emergenza di situazioni impreviste.

5. Funzioni aziendali

La "resa" di ogni singola funzione aziendale andrà tarata con l'ausilio di specifici indicatori, confrontandone i risultati con quelli di realtà aziendali similari nella prospettiva di approfondire situazioni che mostrino anomalie comparative.

6. Milestone

Anche le concordate attività promosse andranno rilevate con controlli che vanno dalle loro performance, all'efficienza dei responsabili, al rispetto delle scadenze e dei budget.

SEGRETO n. 59: per evidenti motivi, la misurazione e il controllo dei rischi e delle attività concordate rappresentano aspetti su cui vigilare da vicino. La conseguenza della loro carente sorveglianza potrebbe generare una metastasi da rischio o la perdita di importanti opportunità.

7. Aspetti finanziari

Indispensabile sarà l'analisi della gestione finanziaria e contabile. Già oggetto di adeguata trattazione, il doveroso monitoraggio costante dei fondamentali strumenti di pianificazione e controllo economico finanziario (conto economico, dinamica dei finanziamenti, gestione della liquidità) ci permetterà di rassicurarci circa il buon equilibrio sul piano economico-finanziario e la costante conservazione dei necessari livelli di liquidità.

Nella specifica ottica, un'attenzione particolare va prestata al controllo dei costi, formalmente distinti – come accennato – in:

- **costi fissi**, definiti *costi di capacità*, che sono oneri assunti al fine di poter svolgere alcune attività essenziali, e cioè amministrazione, gestione commerciale, canoni d'affitto, ammortamenti delle immobilizzazioni (le rate di leasing correrebbero anche se gli impianti fossero fermi) ecc.;

- **costi variabili**, che sono costi proporzionali (variano secondo le variazioni del volume dell'attività): materie prime, energia ecc.

Nell'incertezza, la domanda discriminante è: *se viene incrementata (o diminuita) l'attività sostenuta dal costo, esso varia o rimane inalterato?* Di sicuro, è bene tenere tutti i costi sotto costante controllo. Sarebbe, quindi, il caso di costruire una tabella previsionale con uno scadenziario di previsione impostato su una periodicità mensile; se ne analizzeranno, poi, gli eventuali scostamenti registrati man mano al fine di poterne correggere le discrasie.

In termini più ampi, qualche opportuna indicazione, invece, potrebbe provenire dall'attenzione alla periodica rilevazione di taluni indici di costo:

$$\text{COSTO FISSO PER GIORNO} = \frac{\text{COSTI FISSI ANNUI}}{\text{GIORNI LAVORATIVI}}$$

$$\text{COSTI FISSI (PER UNITÀ DI PRODOTTO)} = \frac{\text{COSTI FISSI ANNUI}}{\text{UNITA' DI PRODOTTI}}$$

$$\text{COSTI GENERALI (PER GIORNO)} = \frac{\text{COSTI GENERALI COMPLESSIVI}}{\text{GIORNI LAVORATIVI}}$$

$$\text{COSTO GENERALE FISSO (PER UNITÀ DI PRODOTTO)} = \frac{\text{COSTI GENERALI COMPLESSIVI}}{\text{VOLUME/PESO PRODOTTI*}}$$

Il loro andamento andrà monitorato attentamente, perché incorporano evidenti e valide indicazioni di tipo generale. Un'azione manageriale intelligente prevede, così, la loro costante comparazione con i corrispondenti livelli attribuiti (sia pure in via presuntiva) ai nostri principali concorrenti.

Ricordiamolo: i costi riverberano effetti sensibili sulla nostra offerta ed è per questa ragione che il loro attento monitoraggio è indispensabile per il successo di una qualunque iniziativa d'impresa.

Una delle analisi più diffuse è quella effettuata secondo il **tipo di costo** (ad esempio: personale, affitto, materiale…). Il quadro riassuntivo di un'analisi condotta in un'ottica di questo tipo potrebbe essere rappresentato dalla seguente tabella:

CALCOLO DEL COSTO PER TIPOLOGIA	
ESEMPIO	
Fatturato	**3.000.000**
Costi materiale	**1.400.000**
Ricavo lordo	**1.600.000**
Costi personale	**550.000**
Costi locali	**165.000**
Costi pubblicità	**110.000**
Costi finanziamenti da terzi	**30.000**
Interessi	**40.000**
Ammortamenti	**24.000**
Altri	**150.000**
Compenso titolare	**100.000**
Risultato di gestione	**431.000**

(Fonte: con modifiche da www.tis.bz.it)

Con un approccio del genere, si potrà calcolare:

- se il fatturato sarà sufficiente a coprire i costi;

- se e dove si potrà operare il necessario contenimento delle spese senza incidere sull'efficienza aziendale;

- se, alternativamente o in contemporanea, occorra uno sforzo di incremento del fatturato.

Al nostro scopo dovremo, quindi, redigere e compilare con i dati necessari una tabella simile a questa:

CALCOLO DEL COSTO PER TIPOLOGIA						
	1° anno		2° anno		3° anno	
FATTURATO	6.500.000		7.475.000		8.596.250	
	€	% FATT.	€	% FATT.	€	% FATT.
Utilizzo merce/materiale	500.000	0,08	575.000	0,08	661.250	0,08
Costi personale	800.000	0,12	920.000	0,12	1.058.000	0,12
Ammortamenti	35.000	0,01	40.250	0,01	46.288	0,01
Interessi	20.000	0,00	23.000	0,00	26.450	0,00
Altri costi	10.000	0,00	11.500	0,00	13.225	0,00
Costi affitto locali	35.000	0,01	40.250	0,01	46.288	0,01
Costi energia	20.000	0,00	23.000	0,00	26.450	0,00
Costi riparazione/manutenzione	30.000	0,00	34.500	0,00	39.675	0,00
Tasse, contributi, assicurazioni	8.000	0,00	9.200	0,00	10.580	0,00
Imposte d'esercizio	3.000.000	0,46	3.450.000	0,46	3.967.500	0,46
Spese veicoli	40.000	0,01	46.000	0,01	52.900	0,01
Costi da leasing	50.000	0,01	57.500	0,01	66.125	0,01
Costi pubblicità e viaggi	20.000	0,00	23.000	0,00	26.450	0,00
Costi di distribuzione	70.000	0,01	80.500	0,01	92.575	0,01
Spese gestione (posta, telefono...)	30.000	0,00	34.500	0,00	39.675	0,00
Costi contabilità e consulenza	18.000	0,00	20.700	0,00	23.805	0,00
AVANZO AL LORDO DELLE IMPOSTE	1.814.000	0,28	2.086.100	0,28	2.399.015	0,28

(Fonte: con modifiche da www.tis.bz.it)

Naturalmente, dovremo poi confrontare i costi programmati e i costi effettivi via via emergenti (ma sappiamo già come fare: attraverso l'affiancamento dei dati reali ai dati stimati...). Potremo, così, individuare e correggere in tempo eventuali andamenti da rettificare.

Un altro tipo di analisi parte dall'**area di spesa**, dall'ambito che genera spese all'interno della nostra impresa. Nell'esempio seguente si sono confrontati i costi (effettivi e stimati) per tipo di spesa registrati nel mese di giugno e nel trimestre conclusosi con il mese di giugno. Proiettando i risultati sul piano annuale, potremo, così, verificare se rimanga possibile raggiungere l'obiettivo-costi fissato per l'anno in corso:

MONITORAGGIO COSTI PER TIPO DI SPESA							
COSTI MESE MARZO				COSTI 1° TRIMESTRE			
PROGR	EFFETTIVI	DIFF. ASS.	DIFF %	PROGR	EFFETTIVI	DIFF. ASS.	DIFF %
Materie prime							
300.000	420.000	120.000	0,40	900.000	1.150.000	250.000	0,22
Imballaggi							
25.000	30.000	5.000	0,20	75.000	65.000	-10.000	-0,15
Salari per produzione							
400.000	400.000	0	0,00	1.200.000	1.100.000	-100.000	-0,09
...							
300.000	220.000	-80.000	-0,27	900.000	950.000	50.000	0,05
COSTI SINGOLI							
1.025.000	1.070.000	45.000	0,04	3.075.000	3.265.000	190.000	0,06
Salari e stipendi							
350.000	370.000	20.000	0,06	1.050.000	1.140.000	90.000	0,08
Energia							
24.000	25.000	1.000	0,04	72.000	70.000	-2.000	-0,03
Riparazioni/manutenzione							
24.000	17.000	-7.000	-0,29	72.000	55.000	-17.000	-0,31
Interessi							
25.000	20.000	-5.000	-0,20	75.000	80.000	5.000	0,06
...							
50.000	45.000	-5.000	-0,10	150.000	145.000	-5.000	-0,03
COSTI GENERALI							
473.000	477.000	4.000	0,01	369.000	350.000	-19.000	-0,05

(Fonte: con modifiche da www.tis.bz.it)

Il calcolo secondo area di spesa è fortemente consigliato a imprese connotate da settori molto diversificati. Se accertiamo una differenza tra costi programmati e costi effettivi e conosciamo i settori-causa, sarà senz'altro più semplice praticare correttivi appropriati.

Ma il calcolo più utile ad agevolare il processo di determinazione dei prezzi per i nostri prodotti è fondato sull'**unità di costo** (ad esempio: una sola pizza o un solo taglio di capelli). La metodologia consente di misurare la soglia minima al di sotto della quale il prezzo del venduto non riesce a coprire i costi: è, quindi, alla base della predisposizione di una gamma-offerte che consideri il versante dei costi. Ecco un esempio di calcolo per un'azienda monoprodotto che voglia determinarne il prezzo sulla base del costo unitario e del fissato margine di guadagno:

COSTI PER UNITÀ DI PRODOTTO	
ESEMPIO (AZIENDA MONOPRODOTTO)	
Costi per materie prime	**2.500.000**
Altri costi (secondo la tipologia)	**1.570.000**
Costi complessivi	**4.070.000**
Quantità pezzi prodotti	**15.000.000**
Costi 1 (materie prime/pezzi)	**0,17**
Costi 2 (altri costi/pezzi)	**0,10**
Costi complessivi unitari	**0,27**
ANALISI PRODOTTO UNITARIO	
Costi 1	**0,17**
Costi 2	**0,10**
Costi complessivi unitari	**0,27**
Margine di guadagno (15%)	**0,04**
Prezzo unitario finale	**0,31**

(Fonte: con modifiche da www.tis.bz.it)

Se, invece, un'impresa offre un assortimento di diversi prodotti, attribuiremo i singoli costi ai rispettivi prodotti o servizi (esempio: materie prime e produzione), mentre gli ulteriori costi

(costi generali di amministrazione ecc.) saranno attribuiti ai singoli prodotti per quote.

SEGRETO n. 60: complementare al controllo operato sulla pianificazione generale, anche l'analisi e il controllo dei costi (per tipologia, per area di spesa, per unità di costo) riveste un ruolo non marginale nel controllo degli aspetti aziendali a carattere finanziario.

Bene. Era l'ultimo argomento della sezione. Ora abbiamo il nostro Business Plan di riferimento, abbiamo stabilito il nostro business system e il nostro controlling system, abbiamo stabilito la forma distributiva più idonea per il nostro prodotto, abbiamo i necessari accordi con i fornitori, abbiamo programmato l'adatta strategia di marketing, abbiamo programmato l'acquisizione delle risorse finanziarie: la fase preparativa è finita e l'impegno per la **realizzazione** concreta della nostra idea imprenditoriale inizia! Da progettisti dell'azienda, ne stiamo per diventare i costruttori. È in questa fase che proveremo se l'idea di business era davvero così buona e redditizia!

Definiamo, allora, un calendario! Concentriamoci sulle tappe principali e sui nessi più importanti delle azioni programmate. E, soprattutto, ricordiamoci di riverificare periodicamente la nostra programmazione: le situazioni "ambientali" cambiano rapidamente ed errori di stima sono sempre possibili.

Ma coraggio! Se ci atterremo (e, questa volta lo devo dire: ti atterrai!) ai consigli e alla pianificazione consigliata, le problematiche saranno sempre e soltanto uno stimolo per la nostra (la tua) intelligenza alla perpetua ricerca di buone motivazioni e di sfide appassionanti.

RIEPILOGO DEL GIORNO 5:

- SEGRETO n. 49: innanzitutto, occorrerà riepilogare brevemente i dati emersi in sede di analisi e approntamento della strategia di marketing, dimostrandone la rispondenza a criteri di stretta prevedibilità.

- SEGRETO n. 50: in un'analisi di tipo economico-finanziario, lo stato patrimoniale non potrà che essere riclassificato secondo criteri di realizzabilità e il conto economico disposto contrapponendo al valore della produzione i costi ordinati secondo natura e distinzione strutturale (esterni e interni).

- SEGRETO n. 51: il piano di analisi della liquidità serve a controllare il saldo "entrate e uscite" e si riferisce al puro movimento finanziario di riscossione o esborso monetario; la difficile proiezione in avanti della stima induce a impostare un piano con cadenza mensile per il solo primo anno, consci della validità provvisoria delle stime relative agli anni successivi.

- SEGRETO n. 52: l'analisi del break event point pianifica il fatturato mensile necessario a coprire i costi e le vendite necessarie per ottenere il punto di pareggio.

- SEGRETO n. 53: sono indispensabili il piano di proiezione

del fabbisogno finanziario e il piano investimenti e finanziamento, che consentono di fare il punto circa le nostre esigenze di tipo finanziario.

- SEGRETO n. 54: il sistema di base per il controllo finanziario si fonda sull'affiancamento progressivo del dato reale a quello stimato, andando periodicamente a valutare l'incidenza degli eventuali scostamenti sul dato di fine anno.

- SEGRETO n. 55: un buon sistema di controllo nasce dalla preparazione e dalla risposta a un questionario teso a conferirgli la specificità richiesta dalla nostra particolare attività. Peraltro, esistono dei particolari aspetti che andranno sempre indagati: strategia, ordini e domanda, risorse, rischi, funzioni aziendali, Milestone, analisi finanziaria.

- SEGRETO n. 56: l'analisi strategica va continuamente aggiornata con le variazioni intervenute sul mercato o nell'ambiente competitivo in senso stretto.

- SEGRETO n. 57: altro aspetto da monitorare costantemente è quello relativo all'andamento della domanda: segnali tempestivi ci potrebbero consentire aggiustamenti rapidi e anticipazioni di tendenze ancora prima che diventino fonte di problemi.

- SEGRETO n. 58: nell'impossibilità di ottimizzare definitivamente risorse di lavoro, procedure e impianti, tali aspetti andranno continuamente monitorati e sottoposti ad accurata e periodica revisione.

- SEGRETO n. 59: per evidenti motivi, la misurazione e il controllo dei rischi e delle attività concordate rappresentano aspetti su cui vigilare da vicino. La conseguenza della loro carente sorveglianza potrebbe generare una metastasi da rischio o la perdita di importanti opportunità.

- SEGRETO n. 60: complementare al controllo operato sulla pianificazione generale, anche l'analisi e il controllo dei costi (per tipologia, per area di spesa, per unità di costo) riveste un ruolo non marginale nel controllo degli aspetti aziendali a carattere finanziario.

GIORNO 6:

Come finanziare un progetto d'impresa

Abbiamo visto quali siano le fasi di costruzione di un valido Business Plan. Probabilmente, però, nel frattempo, ci saranno venute in mente delle domande interessanti:

- quali saranno le fonti di finanziamento che ci potrebbero aiutare a concretizzare il nostro progetto imprenditoriale?

- che cosa dovremmo fare e dove potremmo informarci in concreto sui fondi pubblici?

- come potremmo massimizzare il finanziamento della nostra idea?

Stiamo parlando di finanza pubblica agevolata. Certo, a determinate condizioni si potrebbero reperire fondi con il ricorso al sistema bancario (davvero dispendioso) o attraverso i Venture Capitalists. Per la verità, in prima battuta, un accenno ai Venture Capitalists è bene farlo. Chi sono? Sono degli investitori professionali privati che, come i Business Angels, impegnano capitale proprio in imprese ritenute credibili e profittevoli.

Il loro tornaconto è rappresentato dal ritorno di fondi in misura superiore a quelli "prestati" all'impresa. Si impegneranno fortemente nell'iniziativa imprenditoriale selezionata, utilizzando tutto il loro bagaglio di esperienze per il suo successo. Naturalmente, dovranno intravedere prospettive positive e un buon Business Plan è lo strumento essenziale al fine di tratteggiare la propria attività e indurre interesse.

Ma cosa vogliono vedere questi particolarissimi imprenditori nel nostro Business Plan? Vediamo un po':

1. un management competente e testato (esperienza imprenditoriale, competenze e capacità cooperative del gruppo di management) come prerequisito;

2. un prodotto (o un servizio) innovativo, che implichi una chiara e quantificabile utilità per il potenziale cliente (in termini di costo o di netta differenziazione);

3. un adeguato mercato, che offra la possibilità di raggiungere un fatturato significativo in breve tempo;

4. una razionale individuazione del target e una chiara strategia di accostamento al cliente;

5. un'analisi uniforme della concorrenza;

6. un'accurata valutazione dei rischi di scenario e la costruzione di un buon sistema di controllo;

7. una diversificata serie di canali d'uscita.

È quello che avremo fatto, se ci saremo attenuti ai suggerimenti forniti in questo ebook. Ma, ove si voglia usufruire dell'apporto di capitali da parte di un Venture Capitalist (in una start up o nell'ambito dell'espansione o ristrutturazione della propria attività), c'è un basilare consiglio da tener presente: interpellare più investitori professionali e catalogare con criteri omogenei ogni possibile prospettiva di "compartecipazione".

Si potrà così procedere al raffronto delle condizioni con la propria specificità e le proprie effettive necessità finanziarie, definendo la soluzione più idonea. L'operatività dei Business Angels non si differenzia molto, a eccezione del fatto che questi si occupano essenzialmente di giovani imprenditori ricchi di inventiva, la cui idea imprenditoriale si caratterizza per una buona prospettiva di crescita (spesso trascurati dai classici capitalisti di partecipazione). Sono delle opzioni che saranno prese in considerazione soprattutto nel caso in cui la realizzazione dell'idea richieda integrazioni finanziarie estremamente corpose in fase di avvio. Altrimenti, meglio confrontarle con alternative probabilmente meno impegnative.

SEGRETO n. 61: una prima forma alternativa al finanziamento bancario sta nell'apporto di capitali da parte dei Venture Capitalists o dei Business Angels. È sempre richiesta una buona idea, un buon management e altri requisiti specifici, compreso un efficace Business Plan.

Prospettive di economicità e di controllo sull'iniziativa imprenditoriale si riverberano su chi, invece, riesca a costruire un piano di finanziabilità tale da consentirgli di fruire dei numerosi aiuti finanziari messi a disposizione dai diversi enti pubblici (sovranazionali, statali, regionali, locali). Nel settore esiste un innegabile difetto, dato dalla scarsa conoscenza delle opportunità (una carenza che, qualche anno fa, ha portato il nostro Paese a dover restituire all'Unione Europea alcuni milioni di finanziamenti agevolati, non utilizzati in tempo utile). Anche il percorso di avvicinamento a questo settore di finanziamento richiederà, allora, una buona programmazione. Ma approfondiamo un po' il discorso.

In generale, le risorse finanziarie disponibili nella forma di finanziamenti agevolati possono essere distinte fra:

- *risorse a titolo di debito* (assimilabili all'accensione di prestiti) e *a fondo perduto* (in aumento secco delle risorse proprie);
- *risorse a breve termine* (adoperabili anche per la copertura delle spese correnti) e *a medio-lungo termine* (finalizzate alla copertura dei costi d'investimento);
- *risorse vincolate* (collegate alla copertura di specifiche componenti di costo e/o di determinate attività aziendali) e *non vincolate* (utilizzabili a copertura di costi indifferenziati di funzionamento o investimento).

Nel considerare queste forme di finanziamento agevolato il pericolo risiede nella tentazione di strutturare l'attività allo scopo esclusivo di acquisire la finanziabilità del progetto. Succede spesso (al di là di altre più deprecabili vicende) che, ottenuto un certo finanziamento, l'impulso imprenditoriale decada fino a spegnersi completamente. Un'ottica più saggia e corretta dovrebbe indurci, invece, alla costruzione di un modello per l'utilizzo coordinato di queste risorse agevolate solo dopo aver impiantato compiutamente il progetto imprenditoriale.

È soltanto a questo punto che ci si dovranno chiarire le idee e, quindi, progressivamente dovremo:

- partire dall'analisi delle attuali strategie e di quelle pianificate;

- distinguere, isolare e catalogare le varie linee di attività e i progetti dotati di una certa significatività;

- determinare il fabbisogno di finanziamento in termini di costi correnti e di investimenti da coprire per ogni linea di attività e ciascun progetto;

- evidenziare, contemporaneamente, gli aspetti di finanziabilità, ovvero quelle caratteristiche (sede, tipologia del richiedente, beneficiari, fattori produttivi, settore) che legittimano l'accesso alle varie fonti di finanziamento;

- procedere alla definizione di un ordine di preferenza relativo alle diverse forme di finanziamento (scadenza e ritmo dei programmi, tipologia delle voci di costo ammissibili, tetto massimo delle risorse ottenibili, quota di cofinanziamento a carico dell'impresa, condizioni di presentazione delle richieste, tempistica, requisiti procedurali previsti in preselezione e selezione dei progetti);

- costruire una matrice di finanziabilità al fine di selezionare le voci di costo da imputare al finanziamento pubblico, ma anche l'individuazione di ulteriori risorse proprie in grado di incidere sulla probabilità di ottenere il finanziamento o di amplificarne l'intensità (ottenendo, quindi, un effetto moltiplicativo rispetto alle risorse inerzialmente ottenibili).

A questo punto, sarebbe utile costruire anche una mappa degli strumenti agevolativi sulla base di tre dimensioni:

- le forme di concessione;
- il soggetto erogatore;
- gli ambiti settoriali (o le aree) finanziabili.

Le forme di concessione si distinguono fra:

- *contributi a fondo perduto* (sono assegnati all'impresa su progetti specifici, non è prevista alcuna restituzione), a loro volta distinti fra *contributi in conto capitale* (con la generica finalità di incrementare il patrimonio del beneficiario senza alcuna correlazione con le spese sostenute) e in *conto esercizio* (che coprono i costi di esercizio individuati dallo specifico provvedimento). Le modalità di concessione sono varie: per tranche, in un'unica soluzione anticipata o a consuntivo;

- *contributi in conto interesse* e *finanziamenti agevolati* (riducono gli oneri finanziari standard di un finanziamento). Vi rientrano i mutui agevolati BEI di medio-lungo termine. La particolarità della formula è che vengono concessi come prestito globale a intermediari finanziari locali, che poi provvedono a erogare le risorse alle PMI sulla base della convenzione BEI (www.eib.org);

- *interventi in conto garanzia* (integrano le garanzie di cui si è in possesso, facilitando l'acquisizione di finanziamenti). Rientrano nella categoria le garanzie (e controgaranzie) su prestiti ordinari o agevolati e le polizze di assicurazione per rischi commerciali e rischi-Paese nel caso di operazioni all'estero (su questo tipo di operatività si fonda l'attività del Fondo Europeo per gli Investimenti);

- *interventi in conto capitale* (prevedono l'acquisizione di quote di partecipazione di minoranza da parte di un'ente pubblico).

Per quanto riguarda la procedura di concessione, possiamo dire che l'intervento di finanziamento può essere attuato in automatico (su autodichiarazioni del dichiarante), su valutazione (*a bando*: sulla base della comparazione della validità tecnica, economica e finanziaria dei progetti; o *a sportello*: secondo l'ordine cronologico di presentazione) o su diretta negoziazione con i soggetti interessati.

SEGRETO n. 62: allo scopo di evitare un ricorso pressappochistico ai finanziamenti agevolati, è bene impostare un'attenta programmazione basata sulle proprie esigenze specifiche (analisi delle attuali strategie, individuazione delle linee d'attività, determinazione del fabbisogno, identificazione degli aspetti di finanziabilità, definizione dell'ordine di

preferenza, costruzione di una matrice di finanziabilità) e mappare gli strumenti agevolativi.

Ma a chi chiedere questi finanziamenti? Attualmente si sta assistendo a un'accresciuta rilevanza del livello comunitario. L'Unione Europea sostiene lo sviluppo imprenditoriale locale e ne regolamenta i flussi (fino a porre il veto su operazioni di finanziamento dei Governi in odore di "aiuto di Stato"). Ma c'è un'altra tendenza: il conferimento di competenze sempre maggiori agli enti locali. Coesistono, quindi, finanziamenti gestiti a livello comunitario, a livello nazionale e a livello regionale o locale.

Sul piano nazionale, forniamo un elenco esemplificativo (ma innumerevoli sono le forme agevolative a disposizione, spesso anche molto differenziate fra loro):

- Fondi Strutturali Comunitari collegati ai Programmi Operativi Nazionali;
- Fondi Nazionali per l'Innovazione Tecnologica;
- agevolazioni a favore dell'internazionalizzazione d'impresa;
- contributi in conto capitale a favore dello sviluppo nelle zone

depresse (L. 488/92: a bando);

- contributi in conto capitale e interessi a favore dell'imprenditorialità femminile (L. 215/92: a bando);

- finanziamenti a tasso agevolato e contributi in conto capitale per l'innovazione tecnologica (L. 46.82: a sportello);

- credito d'imposta a favore dell'e-commerce (L. 388/00: a sportello).

A livello regionale e locale, si possono, invece, rintracciare le potenzialità agevolative previste:

- dai Fondi Strutturali Comunitari compresi dai Programmi Operativi Regionali e dai Documenti Unici di Programmazione;

- dalle iniziative comunitarie co-gestite dalla Commissione Europea;

- dai programmi di sostegno alla localizzazione dell'industria e allo sviluppo delle PMI;

- dagli interventi a sostegno della capacità produttiva e dell'innovazione tecnologica.

I programmi di sostegno dell'Unione Europea si presentano,

invece, nella forma di:

- finanziamenti diretti alle imprese (tematici e con obiettivi mirati: ambiente, ricerca e innovazione, istruzione e formazione). I fondi coprono il 50% delle spese e i progetti presentati devono avere le seguenti caratteristiche: sostenibilità, transnazionalità, apporto di evidente valore aggiunto;

- Fondi Strutturali, selezionati a livello nazionale e locale;

- Strumenti finanziari, gestiti dal FEI e somministrati tramite intermediari finanziari.

Ci chiederemo a questo punto: quali requisiti deve soddisfare una richiesta di finanziamento per ottenere la concessione del finanziamento? In pratica, deve presentare specifiche caratteristiche:

- **di forma**:
  - requisiti soggettivi (categoria, settore, dimensione, eventuale esperienza richiesta) e oggettivi (tipo di iniziativa, ubicazione);
  - rispetto della natura, del periodo e dei limiti quantitativi relativi alle spese ammissibili e al contributo richiesto;

- o osservanza delle regole sulla cumulabilità delle sovvenzioni;
- o completezza e adeguatezza del formulario di presentazione della domanda e della documentazione da accludere;

- **di sostanza**:
  - o dimostrazione dell'utilità generale e specifica del progetto e delle sinergie attivate nell'ambito delle priorità dell'intervento agevolativo;
  - o prova della fattibilità globale del progetto (sul piano operativo, finanziario e in relazione all'affidabilità e competenza del richiedente) e dell'appropriatezza delle misure predisposte al fine di organizzarne e controllarne l'avanzamento;
  - o evidenza di congruità tra dimensioni delle spese da sostenere e utilità generate dal progetto;

- **espositive**:
  - o l'istanza deve essere chiara, leggibile e contenere schemi, grafici e tabelle dal layout omogeneo al fine di fornire immediatamente e sinteticamente il senso dell'iniziativa.

SEGRETO n. 63: per ottenere la concessione del finanziamento una richiesta deve presentare specifiche caratteristiche di forma, di sostanza, espositive.

Nella fase successiva all'approvazione sarà poi necessaria una buona rendicontazione che dimostri la pertinenza (collegamento al progetto), l'ammissibilità delle spese sostenute e il rispetto dei tempi. I rendiconti e la documentazione relativa vanno conservati per dieci anni e gestiti tramite una contabilità separata.

SEGRETO n. 64: la rendicontazione deve dimostrare la pertinenza e l'ammissibilità delle spese sostenute, nonché il rispetto dei tempi.

Un consiglio di tipo strategico: i finanziamenti agevolati non coprono mai la totalità dei costi di progetto, quindi occorrerà combinare sapientemente l'utilizzazione di più fondi con proposte progettuali separate e complementari (ma cumulabili!). Sarà così possibile ampliare l'apporto dei fondi agevolati e ottenere una finanziabilità superiore.

SEGRETO n. 65: si riesce a massimizzare l'apporto di capitale agevolato attingendo ai fondi pubblici agevolati con un approccio per spicchi di finanziabilità.

Diamo ora uno sguardo a una vetrina di alcune importanti fonti informative consultabili su internet:

- la rete EIC (circa 300 centri in oltre 40 Paesi) è stata creata dalla Commissione Europea per assistere le PMI e metterle in condizioni di sfruttare appieno le opportunità offerte dall'Unione Europea: informa, assiste, consiglia le imprese sulle varie tematiche comunitarie. In alternativa (o anche in parallelo), consiglio di consultare alcuni siti correlati: http://www.eurocin.eu, http://www.euroinfocentre.it;

- anche il sito del Ministero dell'Economia e delle Finanze offre costantemente informazioni utili sulle agevolazioni alle imprese;

- il sito della Direzione Generale Imprese e Industria della Commissione Europea mette a disposizione un'utilissima banca dati sulle misure di sostegno, mentre tramite il sito http://europa.eu/geninfo/info/guide/index_it.htm si ha l'opportunità di accedere a ulteriori importanti risorse, programmi, bollettini informativi e utili guide a sovvenzioni e prestiti attivabili in sede di Unione Europea;

- la banca dati TED (Tenders Electronic Daily) informa circa gli appalti pubblici presenti sulla *Gazzetta Ufficiale dell'Unione Europea*;

- la rete paneuropea Eureka (in lingua inglese) è dedicata alle organizzazioni che svolgono R&S orientate al mercato e sostiene la competitività delle imprese consentendo la creazione di collegamenti e reti di innovazione in 34 diversi Paesi. Fornisce informazioni sulle possibilità di finanziamento e sorregge iniziative nel campo delle ITC, dell'energia e delle biotecnologie (Eureka Cluster), oltre a favorire la creazione di reti tematiche in specifici settori di business in aree target (network tematici). Il coordinatore nazionale per i progetti è il dott. Luigi Lombardi (fax.: 39.06.58496475; indirizzo email: luigi.lombardi@miur.it);

- il CORDIS (Servizio Comunitario d'Informazione in Materia di Ricerca e Sviluppo) è un portale web dedicato alle PMI che intendono fare innovazione in Europa e propone un'illustrazione completa della politica dell'Unione Europea in tema di attività di ricerca e innovazione. Il sito contiene una guida pratica ai finanziamenti UE ed è in grado di illustrare le possibilità di finanziamento dell'innovazione per le PMI europee, assistendo, in particolare, quelle che intendono andare verso una progressiva internazionalizzazione;

- il sito della BEI è la vetrina della Banca Europea per gli Investimenti, che sostiene gli investimenti atti a promuovere la società dell'informazione, la ricerca e lo sviluppo, l'innovazione e la competitività (accessibile in lingua inglese, francese e tedesca);

- il portale Gate2Growth (accesso ai finanziamenti) è destinato a imprenditori in rete, investitori, fornitori di servizi e reti telematiche ed è sostenuto dalla Commissione Europea. L'obiettivo dichiarato è quello di sostenere gli imprenditori innovativi in Europa tramite la fornitura di strumenti, infrastrutture e servizi di sostegno, oltre all'assistenza nella redazione di piani di impresa che consentono di collegare imprenditori innovativi a investitori professionali attraverso un'apposita banca dati;

- l'iniziativa Asia Invest mira a promuovere e sostenere la cooperazione fra le imprese dell'Unione Europea e dell'Asia sulla base di specifici bandi. Fornisce assistenza a organizzazioni intermediarie e agevola collaborazioni reciprocamente vantaggiose, incentivando accordi di cooperazione. Notizie utili in senso generale possono essere attinte dal sito: http://europa.formez.it/;

- la Direzione Generale per la Politica Regionale dell'Unione Europea fornisce informazioni sulle iniziative a favore dello sviluppo regionale e pubblica l'elenco delle autorità competenti per la gestione dei fondi strutturali, nonché una banca dati che riepiloga i programmi adottati dall'Unione Europea e dona una serie di esempi di progetti già finanziati (alla voce "Esperienze riuscite").

RIEPILOGO DEL GIORNO 6:

- SEGRETO n. 61: una prima forma alternativa al finanziamento bancario sta nell'apporto di capitali da parte dei Venture Capitalists o dei Business Angels. Sono sempre richiesti una buona idea, un buon management e altri requisiti specifici, compreso un efficace Business Plan.

- SEGRETO n. 62: allo scopo di evitare un ricorso pressappochistico ai finanziamenti agevolati, è bene impostare un'attenta programmazione basata sulle proprie esigenze specifiche (analisi delle attuali strategie, individuazione delle linee d'attività, determinazione del fabbisogno, identificazione degli aspetti di finanziabilità, definizione dell'ordine di preferenza, costruzione di una matrice di finanziabilità) e mappare gli strumenti agevolativi.

- SEGRETO n. 63: per ottenere la concessione del finanziamento, una richiesta deve presentare specifiche caratteristiche di forma, di sostanza, espositive.

- SEGRETO n. 64: la rendicontazione deve dimostrare la pertinenza e l'ammissibilità delle spese sostenute, nonché il rispetto dei tempi.

- SEGRETO n. 65: si riesce a massimizzare l'apporto di

capitale agevolato attingendo ai fondi pubblici agevolati con un approccio per spicchi di finanziabilità.

GIORNO 7:

Come entrare in un nuovo mercato geografico

Negli ultimi quarant'anni, il numero delle imprese multinazionali nei quattordici Paesi più ricchi del mondo è quasi quadruplicato: il loro numero si aggira, oggi, intorno a 25.000 unità. La competizione si sposta rapidamente su scala globale, per quanto la maggior parte delle imprese gradirebbe fermarsi al mercato geografico meglio conosciuto: quello di casa.

Esistono, però, molti fattori che portano le imprese a valutare l'ingresso nel mercato internazionale:

- saturazione o forte competizione sul mercato interno;

- opportunità di profitti superiori in mercati in forte crescita;

- maggiore base di clientela, in grado di generare economie di scala (o di permettere, per altri profili, bassi costi del lavoro o delle materie prime);

- esigenza di seguire i propri clienti nella loro espansione geografica (banche, imprese di trasporto, componenti);

- diversificazione dei rischi;

- adozione di particolari incentivi statali;

- riduzione della dipendenza da un unico mercato.

Peraltro, non si tratta di un'operazione da sottostimare; deve essere attentamente valutata l'incidenza e la probabilità di rischi improbabili in mercati maturi:

- si potrebbe avere difficoltà a comprendere le preferenze dei clienti esteri e offrire un prodotto inadeguato;

- si potrebbe fraintendere la cultura commerciale del Paese estero, stentare a dotarsi del giusto know-how o di un management dotato di esperienza internazionale;

- si potrebbe sottovalutare la particolarità della legislazione estera o trovarsi di fronte a svalutazioni monetarie o acquisizioni forzose delle proprietà estere;

- potrebbero semplicemente accumularsi emergenze di base (esigenza di apprendere una nuova lingua, usi e costumi diversi, nuove leggi, affrontare le fluttuazioni dei cambi, incertezze politiche e legali, adattamento dei prodotti ai diversi mercati locali);

- si potrebbe osservare in ritardo quanto i vantaggi competitivi acquisiti nel mercato interno siano difficili da trasferire e confermare.

SEGRETO n. 66: molte sono le ragioni che ci potrebbero portare ad esplorare nuovi mercati geografici, ma occorre stare attenti a valutare attentamente incidenza e probabilità di rischi molto particolari.

Una volta presa la decisione di esplorare nuovi mercati, la prima cosa da fare è chiedersi: *quali mercati?* La domanda contiene concetti che riguardano l'arena competitiva, con chi si intendere competere e quali risorse saranno necessarie. Un'analisi SWOT può senz'altro aiutare a comprendere se l'attrattività del nuovo mercato (dimensioni, ritmo di crescita, potenzialità...) non sia attenuata dalla presenza di concorrenti "minacciosi" o da incolmabili gap competitivi osservati a partire da un'attenta analisi comparata delle rispettive forze e debolezze.

Una preventiva selezione potrà riguardare gli stessi criteri di scelta del mercato estero: dimensioni? distanza? potenzialità? Una volta "pesata" la rilevanza dei diversi criteri e stabilita la nostra forza competitiva (rapportata ai concorrenti) potremo finalmente decidere.

SEGRETO n. 67: scegliere per l'ingresso in un nuovo mercato geografico significa farsi domande circa le caratteristiche del mercato, l'arena competitiva e la forza finanziaria che occorrerà per competere adeguatamente. Useremo pertanto un'approfondita analisi SWOT.

Occorrerà, quindi, stabilire quale sia la migliore modalità d'ingresso:

- esportazione diretta;
- esportazione indiretta;
- concessione di licenze;
- joint ventures;
- investimenti diretti.

In altri termini, si tratterà di decidere per la costituzione di una divisione esportazione, l'installazione di una filiale di distribuzione, l'opzione per un'alleanza consociativa, l'arruolamento di una forza vendita itinerante o l'affidamento a un agente/distributore estero. In alternativa, si potrà costituire una joint venture con investitori locali, ci si potrà limitare a concedere una licenza di utilizzazione di processi produttivi, marchi, sistemi di commercializzazione propri contro una royalty o, infine, decidere l'investimento in impianti di produzione o di semplice assemblaggio.

SEGRETO n. 68: la prima decisione da prendere starà nella forma da dare all'iniziativa imprenditoriale (esportazione diretta, esportazione indiretta, concessione di licenze, joint ventures, investimenti diretti).

L'analisi del marketing mix andrà, comunque, sempre condotta in maniera approfondita:

- il **prodotto** andrà adattato per rispondere alle condizioni o alle preferenze locali;
- la **promozione dei prodotti** andrà ampiamente rivista perché, ad esempio, alcuni colori potrebbero assumere significati tabù, come una certa fraseologia o qualche gestualità;
- il **prezzo** andrà tarato secondo le capacità di spesa del cliente

target, stando attenti a conservare un certo margine di profitto e (nonostante sempre possibili "guerre dei prezzi") a non cadere nel dumping (ipotesi di esportazione sottocosto);

- i **canali distributivi** richiedono uno studio meticoloso per i costi imprevisti che potrebbero comportare e per le abitudini locali (che potrebbero perfino consigliare scelte distributive non convenzionali).

SEGRETO n. 69: prima di compiere passi nella direzione, sarà essenziale un'accurata analisi del marketing mix (prodotto, prezzo, promozione, distribuzione).

Validi nel supportare le più generali decisioni di marketing (oltre agli ordinari strumenti di ricerca) sono oggi disponibili utilissimi MDSS (Marketing Decision Support System), ossia software che trasformano una raccolta coordinata di dati e notizie in un'interpretazione immediatamente spendibile in termini di pura decisione. Sono programmi vivamente consigliati, soprattutto nella fase di preparazione e approccio a un mercato estero sconosciuto (si consiglia anche la consultazione del sito www.mymarketing.net per l'indicazione di ulteriori programmi utili):

- **Brandaid**, un modello di marketing mix relativo ai beni di consumo (elementi: produttore, concorrenti, rivenditori al dettaglio, consumatori e ambiente). Contiene sottomodelli che aiutano a impostare messaggi pubblicitari, predisporre prezzi e analizzare la concorrenza, sfruttando una miscela creativa di analisi storiche, giudizi, sperimentazione sul campo e controllo di attuazione;

- **Callplan** determina il numero di chiamate da fare ad ogni cliente (potenziale ed effettivo) in un dato periodo, considerati i tempi di trasferimento e di vendita;

- **Detailer** supporta i venditori per determinare quali clienti visitare e quali prodotti presentare a ciascuno;

- **Geoline** definisce le aree di vendita e di assistenza, combinando tre principi (discrimine territorio per carico di lavoro e vendite; territorio costituito da aree contigue; territorio costituito da aree assimilabili per caratteristiche);

- **Mediac** assiste i pubblicitari nella pianificazione annuale di acquisto di spazi sui media (comprende e razionalizza: la definizione dei segmenti di mercato, la stima dei potenziali di vendita, la valutazione dei rendimenti marginali, il grado di ricordo messaggi, la distribuzione temporale delle campagne e i programmi della concorrenza);

- **Promoter** analizza le promozioni di vendita, calcola le vendite di base (senza promozioni) e l'incremento dovuto ad ogni campagna promozionale;

- **Adcad** fornisce consigli circa la tipologia del messaggio pubblicitario (comico, scene di vita quotidiana...) consigliabile rispetto agli obiettivi di marketing, le caratteristiche del prodotto, del mercato target, della concorrenza;

- **Cover Story** esamina i dati di vendita e, a elaborazione avvenuta, redige una nota di commento densa di input operativi.

SEGRETO n. 70: esistono validi sistemi atti a supportare una serie di decisioni di marketing (Marketing Decision Support System). Assolutamente consigliabili!

Al fine di farsi un'idea sulle opportunità internazionali e l'esportazione presenti sul web, si consiglia la consultazione a scandaglio delle informazioni gratuite sul commercio estero contenute nei seguenti siti:

- www.ita.doc.gov (Dipartimento per il Commercio Internazionale USA);

- www.exim.gov (Dipartimento Import-Export della Bank of the United States);

- www.sba.gov (U.S. Small Business Administration);

- www.bxa.ntis.gov (Bureau of Export Administration USA);

- www.tscentral.com (Trade Show Central).

SEGRETO n. 71: il web è uno strumento utilissimo per raccogliere idee strutturate sulle diverse opportunità internazionali e l'esportazione.

Nel discrimine circa i mercati esteri più in espansione, un aiuto ci perviene direttamente dalle statistiche stilate annualmente dall'Ufficio Statistica dell'ONU, dalla Banca Mondiale e dal Fondo Monetario Internazionale (economie sviluppate, in transizione e in via di sviluppo).

Ci può essere di maggior ausilio, peraltro, lo studio effettuato dalla Michigan State University, che ha recentemente analizzato le potenzialità dei vari mercati mondiali, pervenendo all'indicazione di ventisette mercati con elevate potenzialità di crescita: Cina, Hong Kong, Singapore, Taiwan, Israele, Corea del Sud, Repubblica Ceca, Ungheria, India, Polonia, Turchia, Malesia, Russia, Messico, Thailandia, Cile, Argentina, Arabia Saudita, Egitto, Pakistan, Indonesia, Filippine, Brasile, Sudafrica, Perù, Venezuela e Colombia.

La ponderazione delle performance lungo otto dimensioni (grandezza, tasso di crescita, intensità, capacità di consumo, ricettività del mercato; infrastruttura commerciale, libertà economica, rischio Paese) lascia relativamente tranquilli sui risultati ottenuti. Questi sono, quindi, fra i Paesi da sottoporre a osservazione privilegiata nella scelta del mercato estero da esplorare.

SEGRETO n. 72: lo studio della Michigan State University, fornisce indicazioni circa ventisette mercati con elevate potenzialità: un'analisi molto ben condotta.

Ma andiamo a vedere quali siano le specificità dei mercati

emergenti rispetto a quelli maturi:

VARIABILI	MERCATI EMERGENTI	MERCATI MATURI
DINAMICHE	Rapido cambiamento sociale, politico ed economico.	Moderato cambiamento sociale, politico ed economico.
	Crescita media del PIL pari a 1,5/3 volte quella dei Paesi ad alto reddito.	
	Celere transizione verso stili di vita e di consumo moderni.	
DEMOGRAFIA	Popolazione giovane (25-45% con meno di 15 anni) e in aumento.	Età media più elevata, istruzione diffusa.
	Bassi livelli di istruzione (analfabetismo fino al 50%).	
	Nuclei familiari numerosi.	
DIVERSITÀ	Gap notevole fra l'élite (5-10%) e il mercato di massa, ma aumento crescente della classe media.	Differenze più ridotte nel reddito e negli standard di vita.
	Stile di vita e comportamenti di consumo assimilabile ai Paesi maturi da parte dell'élite.	Corposa presenza di una classe media.
	Disoccupazione fino al 70%..	Pieno accesso alle risorse.

Per quanto riguarda i consumatori dei Paesi emergenti, una ricerca di Khanna e Palepu (1998) ha consentito di catalogarne e segmentarne quattro distinte fasce:

- segmento dei **consumatori globali**, che ricercano prodotti di qualità con caratteristiche globali e sono disposti a pagarli a prezzi globali;

- segmento dei **consumatori glocali**, che ricercano prodotti di qualità globale ma con caratteristiche locali e a prezzi inferiori a quelli globali;

- segmento dei **consumatori locali**, che cerca prodotti locali a prezzi locali;

- **base della piramide**, costituita da consumatori che sono in grado di acquistare solo prodotti non costosi.

SEGRETO n. 73: una ricerca di Khanna e Palepu (1998) ha consentito di catalogare e segmentare quattro fasce di consumatori all'interno dei mercati in via di sviluppo; anche questo è un contributo importante per farsi un quadro esatto della complessità di un'azione all'interno di questi mercati.

Un altro quadro può essere utile al fine di permettere di valutare le differenze sul piano culturale fra Paesi emergenti e quelli maturi (anche queste importanti, ove si decida l'espansione verso Paesi il cui consumatore obbedisca a criteri tanto lontani dai nostri):

VARIABILI	MERCATI EMERGENTI	MERCATI MATURI
AUTONOMIA (relazioni fra individuo e gruppo)	Radicamento di gruppo.	Autonomia personale.
	Decisioni e obiettivi di gruppo.	Specifiche preferenze, idee ed emozioni del singolo.
	Rispetto per la tradizione.	
GERARCHIA (distribuzione di potere)	Ineguale distribuzione di ruoli e potere.	Uguaglianza e cooperazione volontaria fra individui e organizzazioni.
	Ordine sociale e imprese con catene gerarchiche definite	Organizzazioni non troppo verticalizzate (pochi livelli gerarchici)
	Centralizzazione delle decisioni	

Nell'esaminare l'ingresso in Paesi emergenti con un nostro progetto imprenditoriale, dovremo vagliare l'affrontabilità di taluni specifici fenomeni in genere diffusi: corruzione, elevata burocrazia, criminalità, improvvise sortite del potere politico nell'ambito dell'economia (dazi e misure protezionistiche, nazionalizzazione, influenza sulla fissazione dei prezzi, azioni in favore dei competitor locali).

SEGRETO n. 74: altra questione da considerare è la frequenza di fenomeni diffusi in alcuni mercati dei Paesi stranieri in via di sviluppo: corruzione, elevata burocrazia, criminalità, improvvise sortite del potere politico nell'ambito dell'economia.

E allora prepariamoci a entrare in questo "benedetto" Paese in via di sviluppo, che attrae per le sue forti potenzialità implicite. In che cosa consisterà lo studio preliminare, alla base della strategia di "infiltrazione"? Vediamo un po' queste cinque analisi fondamentali.

A. Stato di fatto e tendenza dello scenario economico

1. il primo approfondimento riguarderà gli indicatori della rischiosità economica e politica del mercato: indagheremo sullo **scenario economico** e sulla sua evoluzione (con particolare riferimento alla stabilità della crescita), ponendo particolare attenzione sull'affidabilità degli indici, che dovrebbero essere in grado di aggirare la tendenza a conservare occulto il grado di economia sommersa (altra caratteristica delle economie in via di sviluppo);

2. passeremo poi a valutare il possibile impatto di fenomeni inflattivi e di variazioni nei cambi valutari;

3. analizzeremo, quindi, la struttura e i settori trainanti dell'economia;

4. dedicheremo, infine, uno sguardo attento alla situazione politica e ai possibili impatti sullo stato dell'economia (partecipazione alla World Trade Organization o a zone di libero commercio o presenza di accordi bilaterali; dazi all'importazione e barriere d'ingresso; tassazione; efficienza del sistema giuridico e della burocrazia; grado di corruzione e diffusione del crimine; stato delle infrastrutture).

Nota bene: *informazioni dettagliate e report relativi possono essere attinti presso la Banca Mondiale (www.worldbank.org/data), che classifica ogni singolo Paese secondo 50 diversi indicator; l'ONU; l'Istituto Nazionale per il Commercio Estero (<u>www.ice.gov.it</u>), che fornisce schede Paese e documentazione aggiornata; Camere di Commercio e Assocamere Estero (<u>www.assocamerestero.it</u>), siti specializzati (<u>www.doingbusiness.org</u>), società di consulenza (McKinsey, Datamonitor), Gruppi Bancari, Istituti di Statistica dei vari Paesi...*

B. Potenziale di mercato

La valutazione riguarderà la ricchezza presente nel mercato e la sua distribuzione. Potremo, così, valutare con precisione il potere di spesa e le potenzialità della domanda (fondandoci anche su indicatori generali: consumi di elettricità, consumi privati...). Passeremo, poi, ad analizzare la consistenza della domanda nel settore d'interesse con proiezioni almeno quinquennali.

Nota bene: *informazioni rilevabili sul sito dell'ICE o tramite società di consulenza.*

C. Tipo e comportamento dei consumatori

Cercheremo di individuare e quantificare una serie di segmenti omogenei per livello e tempi dei consumi, nonché i loro comportamenti d'acquisto (e i relativi impatti culturali). Inoltre, porremo attenzione sulla distribuzione geografica dei consumatori, le diversità regionali, l'accesso degli individui ai vari canali di distribuzione e comunicazione.

D. Tipo e intensità della competizione nel settore

Qual è l'offerta attuale e quale sarà quella futura nello specifico settore? Si tratterà di esaminare quali siano i concorrenti (locali e internazionali) già operativi, quali ne siano i vantaggi competitivi e quale la forza attuale e di prospettiva; la previsione di ingresso di altri concorrenti; la redditività complessiva del settore; il potere contrattuale dei fornitori e di una particolare tipologia di consumatori leader.

Nota bene: *informazioni rilevabili tramite associazioni imprenditoriali, società di consulenza, stampa specializzata, informazioni primarie.*

E. Informazioni accessorie

Sono quelle notizie e quei dati ricavabili da imprese già operanti nel settore o nel Paese e riguardano: i fattori alla base del successo o del fallimento di strategie già sperimentate; gli ostacoli già affrontati e le metodologie di risoluzione adottate.

SEGRETO n. 75: lo studio preliminare si compone di cinque analisi: scenario economico e tendenze, potenziale di mercato, consumatori, competizione nel settore, indagini accessorie.

A questo punto, meritano un cenno quei cosiddetti "campioni nascosti" (H. Simon, *Campioni Nascosti*, Sperling & Kupfer, 2001), che, a partire da ambiti geografici periferici, operano e prosperano sul mercato globale puntando sulle seguenti caratteristiche distintive:

- si tratta di piccole e medie imprese con un numero di dipendenti che raramente supera le 500 unità;
- i loro impianti produttivi sono situati in aree periferiche di Paesi stabili;
- hanno scelto di defilarsi in nicchie di mercato ben definite;
- sono di proprietà di un'unica famiglia o di un nucleo ristretto

di imprenditori;

- l'origine della loro storia commerciale è molto remota;

- offrono un'elevata attenzione al prodotto, prestazioni superiori, un ottimo servizio e una consegna puntuale (ma non prezzi bassi);

- il loro management segue costantemente e da vicino i migliori clienti e li rassicura sulla continua ricerca di nuove soluzioni innovative (aspettative confermate nei fatti e, a volte, superate);

- generalmente, sono poco noti all'opinione pubblica di massa;

- si posizionano al 1° o 2° posto mondiale (o europeo) nel proprio settore.

Lo studio di Simon si è concentrato sulle aziende tedesche, per quanto indichi anche degli illustri esempi fra aziende del nostro Paese che ne rispecchiano le caratteristiche. Da questo elenco estrapoliamo:

- Allegri, di Vinci (FI), leader mondiale per tecnologia e ricerca nella produzione di impermeabili e rainwear;

- De' Longhi di Treviso, leader mondiale nei climatizzatori portatili e negli apparecchi portatili per il riscaldamento;

- Campagnolo di Vicenza, leader mondiale nella produzione di gruppi di trasmissione per bici da corsa;

- Brembo di Curno (BG), Leader mondiale nella produzione di sistemi frenanti;

- Giorgio Fedon & Figli spa di Vallesella di Cadore (BL), leader mondiale di produzione astucci per occhiali;

- GSG di Budrio (BO), leader mondiale di accessori per serramenti in alluminio;

- Edison Giocattoli di Sesto Fiorentino (FI), leader mondiale di armi e munizioni giocattolo.

In conclusione, il bel libro di Simon dimostra che esistono sempre le condizioni per ritagliarsi uno spazio di specializzazione (anche di nicchia). Il segreto sta nella continua applicazione verso il miglioramento costante del prodotto, ma soprattutto nella concentrazione sul fondamentale rapporto relazionale con il fedele cliente.

SEGRETO n. 76: per una piccola impresa che nasce i "campioni nascosti" di Simon sono gli esempi da imitare: nicchie di mercato ben definite, elevata attenzione al

prodotto, prestazioni superiori, ottimo servizio.

È questo, in definitiva, quello che conta! Seguire il cliente, i suoi bisogni, i suoi umori, le sue aspettative e accompagnarlo verso la situazione ideale ricercata da ogni imprenditore ambizioso e intelligente: fare in modo che il cliente lo cerchi per chiedergli che cosa abbia preparato per lui!

RIEPILOGO DEL GIORNO 7:

- SEGRETO n. 66: molte sono le ragioni che ci potrebbero portare a esplorare nuovi mercati geografici, ma occorre stare attenti a valutare attentamente incidenza e probabilità di rischi molto particolari.

- SEGRETO n. 67: scegliere per l'ingresso in un nuovo mercato geografico significa farsi domande circa le caratteristiche del mercato, l'arena competitiva e la forza finanziaria che occorrerà per competere adeguatamente. Useremo pertanto un'approfondita analisi SWOT.

- SEGRETO n. 68: la prima decisione da prendere starà nella forma da dare all'iniziativa imprenditoriale (esportazione diretta, esportazione indiretta, concessione di licenze, joint ventures, investimenti diretti).

- SEGRETO n. 69: prima di compiere passi nella direzione, sarà essenziale un'accurata analisi del marketing mix (prodotto, prezzo, promozione, distribuzione).

- SEGRETO n. 70: esistono validi sistemi atti a supportare una serie di decisioni di marketing (Marketing Decision Support System). Assolutamente consigliabili!

- SEGRETO n. 71: il web è uno strumento utilissimo per

raccogliere idee strutturate sulle diverse opportunità internazionali e l'esportazione.

- SEGRETO n. 72: lo studio della Michigan State University, fornisce indicazioni circa ventisette mercati con elevate potenzialità: un'analisi molto ben condotta.

- SEGRETO n. 73: una ricerca di Khanna e Palepu (1998) ha consentito di catalogare e segmentare quattro fasce di consumatori all'interno dei mercati in via di sviluppo; anche questo è un contributo importante per farsi un quadro esatto della complessità di un'azione all'interno di questi mercati.

- SEGRETO n. 74: altra questione da considerare è la frequenza di fenomeni diffusi in alcuni mercati dei Paesi stranieri in via di sviluppo: corruzione, elevata burocrazia, criminalità, improvvise sortite del potere politico nell'ambito dell'economia.

- SEGRETO n. 75: lo studio preliminare si compone di cinque analisi: scenario economico e tendenze, potenziale di mercato, consumatori, competizione nel settore, indagini accessorie.

- SEGRETO n. 76: per una piccola impresa che nasce i "campioni nascosti" di Simon sono gli esempi da imitare:

nicchie di mercato ben definite, elevata attenzione al prodotto, prestazioni superiori, ottimo servizio.

CONCLUSIONE

Innanzitutto, vorrei ringraziarvi per avermi accompagnato da vicino in questa avventura di conoscenza. Spero di essere stato in grado di evitare inutili tecnicismi e un'inopportuna terminologia ultraprofessionale. Credo anche che l'amichevole tono discorsivo sarà servito a impostare un facile processo di apprendimento partecipato.

Ho cercato di preparare e consegnarvi strumenti efficaci che consentono la progettazione di un Business Plan ben impostato, utili anche a orientare un'attività nel suo svolgersi e a promuovere richieste di finanziamento verso enti pubblici e/o privati investitori.

Abbiamo visto insieme:
- come un'idea matura viene concettualizzata, progettata e inquadrata in un'ipotesi di realizzazione;
- l'importanza fondamentale di un buon Business Plan

nell'ottenere con maggiori prospettive di successo i necessari finanziamenti e sovvenzioni, ma anche allo scopo di dare le redini (ossia un indirizzo ordinato) alla vostra impresa e consegnarvele;

- quali ne siano le caratteristiche indispensabili e quale la struttura ottimale;

- l'importanza di una strategia di marketing globale, anche al fine di nutrire di contenuti attivi lo stesso documento;

- come impostare una buona pianificazione finanziaria;

- come si controlla l'azienda in progress;

- come ricercare una buona serie combinata di finanziamenti pubblici;

- come tentare l'ingresso nei mercati esteri e a cosa prestare attenzione (e quali mercati offrano maggiori profittabilità).

Nell'ambito della trattazione, è stata evidenziata più volte la prospettiva di utilizzarne le linee guida per orientare e regolare l'azione imprenditoriale ordinaria: suggerimenti, consigli, facili formule e grafici, avvertimenti…

La trattazione, comunque, aveva e ha il compito di convincervi di una realtà fattuale: siete liberi di dare libero corpo alle vostre idee; l'impegno, l'applicazione e la volontà ci rendono liberi di essere. Convinto di essere stato certamente non esaustivo (data la vastità delle variabili che entrano nella preparazione e nella realizzazione di un progetto imprenditoriale), spero di avere, però, innescato un processo in coloro i quali si sentono oggi più sicuri, determinati e preparati a donare al mondo tutto l'entusiasmo del proprio spirito d'iniziativa.

Ma quanto è affidabile il contenuto di questo ebook? Abbastanza. La mia formazione accademica (laureato in Scienze Manageriali e specializzato con lode in Metodi di Valutazione, Previsione e Controllo) mi ha fornito strumenti e metodi di valutazione che, coniugati con una ventennale esperienza nella Pubblica Amministrazione-Settore Fiscale, mi hanno permesso di saggiare le tematiche di cui abbiamo trattato.

Ne sono derivati i concetti espressi in questo manuale, che illustrano compiutamente assetti organizzativi e tipo di programmazione in grado di incidere davvero sul sano e proficuo sviluppo di un'attività imprenditoriale. Ovviamente, l'esperienza professionale si è tradotta e stemperata nel puro tratteggio di caratteristiche, modalità e particolari proceduralità che caratterizzano le aziende eccellenti.

Ho provato a sanare la carenza casistica con il ricorso a qualche rara esemplificazione (accademica, ma pratica) e a suggerimenti concreti testati nello specifico. Che potevo fare di più? A pensarci bene, forse, potevo davvero fare di più e, mentre me lo ripeto, ricordo che anche la mia vecchia maestra me lo diceva spesso, mentre mi dava, comunque, un buon voto! Mi rendo conto che avrei potuto darvi strumenti superiori, magari più elaborati e complessi. Lo volevate?

Doveva essere un quadro di quanto si possa esperire per produrre un buon Business Plan. E questo mi sembra ci sia.

C'è anche qualche spunto aggiuntivo di natura collaterale. In questa sede, mi sembra, tutto sommato, un buon "prodotto". A questo punto, vorrei solo raccomandarvi di **mettere in pratica** quello che avete appreso. E, se volete davvero "mettervi in gioco", che non sia solo un pensiero vago, un desiderio frammentario e ipotetico. **Agite!** Ricordo ancora: agire senza pensare è sbagliato, ma pensare senza agire è davvero un imperdonabile spreco di energia!

Naturalmente, un obiettivo vero si determina attraverso una programmazione per tappe frazionate. Ma gli strumenti e le idee contano poco, se non deciderete di mettere in pratica ciò che man mano imparate. Scegliete un campo di attività, selezionate validi e complementari collaboratori con cui discutere la vostra interessante idea, costruite un itinerario percorribile, ma andate: fate quel famoso primo passo verso il futuro che desiderate con tutto il cuore, godetevi la libera espansione verso la vostra più autentica identità, la vita che volete e le cose di cui davvero volete interessarvi.